你的幸福不是這個指數

透視經濟成長數據的迷思

DAVID PILLING

凌大為——著　吳國卿——譯

THE GROWTH DELUSION

WHY ECONOMISTS ARE GETTING IT WRONG AND WHAT WE CAN DO ABOUT IT

獻給吾兒 Dylan 和 Travis

推薦序

現代經濟成長的迷思——正確認識GDP

中華經濟研究院特約研究員　**吳惠林**

美國總統川普對中國發動「貿易戰」，表面原因是中國使用「不公平貿易」致美國對中國產生龐大數字的「貿易逆差」，美國經濟也因而衰弱，所以他要「重振美國，重創中國，重建世界」。也就是說，在中共使用「新重商主義」等侵略策略的不公平貿易下，中國經濟快速強大，美國相對停滯，甚至衰弱；為了振衰起敝，川普乃採用關稅策略，「以惡制惡，以暴制暴」、「以其人之道還治其人」，以達削弱中國經濟、讓美國經濟重振而強大的目的。

各國競爭經濟強權

那麼，如何顯現國家經濟的強弱呢？最簡單和最明確的指標就是「ＧＤＰ」，而中國的ＧＤＰ在二〇〇〇年已超過義大利，二〇〇五年趕過法國，二〇〇六年再超越英國，二〇〇七年又趕過德國，到了二〇一〇年又超越日本，若照其增長速度，很快地就要超過美國了。其實，早已有超美的訊息出現了。不過，川普也公開揚言，在他總統任內，中國經濟別想超越美國。即便大家對中國的ＧＤＰ數據強烈質疑其造假、高估，卻承認其經濟的快速強大。

眾所周知，不只美中兩國在「經濟」上爭強，世上所有的國家都在「拚經濟」，連共產國家也不例外；而自由民主國家，「經濟」更是選戰成敗的主因。美國一九九〇年代柯林頓的「笨蛋！問題在經濟！」讓他贏得大選，而二〇一八年底，台灣的九合一大選，「經濟一百分，政治零分」也讓國民黨鹹魚翻身大勝。

既然「經濟」被世人這麼看重，是不是大家都明白「經濟是什麼」了呢？「經國濟民」、「經濟即生活」被琅琅上口，而「所得」、「薪資」無疑是真實的呈現，「賺大錢」更是大白話。不論如何，「經濟成長」的追求已是共識，而「經濟學」也早從一七七六年以來就成為一門學問，但到一九三〇年代全球經濟大恐慌及隨之而來的一九四〇年代第二次世界大戰之後，「現代經濟成長」才真正熱門起來，追求「高經濟成長率」也成為各國的政策目標。

我們知道，耳熟能詳的「經濟成長率」是「實質ＧＤＰ的年增率」，而ＧＤＰ也就等同於「經濟」，這是美國老布希總統時代定調的，由ＧＮＰ轉換而來。翻開當今標準經濟學教科書，幾乎都分為「個體經濟學」和「總體經濟學」兩部分，而總體經濟學就開宗明義介紹GDP，之後的各章節也都圍繞著GDP的種種作解析。

GDP是啥米？

「GDP」是「Gross Domestic Product」的簡稱，顧名思義是「國內生產毛額」，教科書中的定義是「一國『國內』在『一定期間』內所『生產』出來，供『最終用途』的物品與服務之『市場價值』」。在此定義下，GDP有「國內」、「一定期間」、「生產」、「最終用途」以及「市場價值」這五大限制或特色，它有「支出面法」和「附加價值法」兩種衡量方法，實務上則是以支出面、生產面與所得面三種方法分別計算，再調整銜接，是「國民所得會計帳」，也就是「收入」等於「支出」，最常用的是「凱因斯所得恆等式」，標準的式子是：GDP＝C＋I＋G＋X－M，C是民間消費支出，I是投資，G是政府消費支出，X是出口，M則是進口。

這個國民所得帳被認為是一九四〇年代由顧志耐（Simon Kuznets, 1901-1985）創建出來的，他也因而被尊為「國民所得之父」，也成為他獲頒一九七一年（第三屆）諾貝爾經濟學獎的主因。雖然顧志耐也在一九四〇年代領軍編算國民所得，但現今各國通用的聯合國「國民會計帳」，卻是由理察・史東（Richard Stone, 1913-1991）發展出來的，他也因而被稱為「國民會計之父」，也在一九八四年獲得諾貝爾經濟學獎。由他們兩位的獲頒諾貝爾獎，可以得知國民所得或GDP會計帳的重要性。

國民所得或GDP會計帳的確是二十世紀的偉大發明，其神奇之處就在「它設法將人類所有的活動壓縮成一個單一的數字」，它是一個「加總」的數字，可以讓政府政策制訂者採取行動的數字，也就是當今各國政府都應用凱因斯理論，讓政府以財經政策促進有效需求（亦即透過C、I、G和X的增加）來拚經濟、追求經濟成長的指標數字。

不幸的是，自一九四〇年代迄今，各國政府帶頭以該指標為標的拚經濟、拚成長的結果，卻在全球貨幣戰爭、經濟戰爭下，脫離各國應分工合作、互通有無的本質，逐漸將人類的未來賣掉，眼看「永續發展」愈來愈無望。問題到底在哪裡？關鍵就在GDP及其作為經濟成長的衡量，不但讓人民無感，甚至讓寶貴資源誤用、濫用。有人就這樣說：「過去我們用GDP來評估國家的經濟力，現代的政客們卻用它來騙取選票。」人民若不能清楚明白GDP，就很容易被騙得團團轉。

其實，同樣的GDP，在不同時期的內涵不盡相同，即使同樣的意涵所涵蓋的項目也可能有異，而且估計方法也有別。說到底，GDP從一開始就不是被設計來衡量國民福祉，它是衡量一國財政收支的工具，是一種會計帳，而其帳戶複雜，資料又難精確，很容易被喬來喬去，人民很容易受唬弄。雖然當前經濟學教本都有專章介紹國民所得、

GDP，可是難懂難教，連經濟學老師都視為畏途，很需要有深入淺出、講清楚說明白、接地氣又容易看懂的書籍出現。英國《金融時報》資深主編凌大為（David Pilling）撰寫的《你的幸福不是這個指數：透視經濟成長數據的迷思》（*The Growth Delusion: Why Economists are Getting It Wrong and What We Can Do About It*），就是這樣的一本書。

將GDP和成長講清楚的一本書

作者憑藉著二十五年來對於經濟發展的報導、觀察與訪問所得，對GDP提出質疑。作者透過清晰、幽默、活潑且帶批判性的文字，為庶民們揭開經濟成長的數據與現實社會發展之間的矛盾，亦即，各國政府不斷地追求經濟成長的數字，但這項由訓練有素的經濟、統計、計量經濟學家，透過複雜的數學公式所計算出來的經濟指標是否準確無誤，即便是準確，但一般民眾所關心的就業機會、薪資成長、是否有財力負擔房貸等等，卻無法由該數據反映出來。不幸的是，各國政府卻都被這個抽象的經濟概念給綁架挾持了，在不斷追求GDP成長的同時，人民的生活福祉不但沒提高，反倒退步了。問題就在GDP這個指標被誤用、誤解，有必要將其真相揭開，並且加以改進。作者撰寫這本書，為我們說清楚講明白這些迷思。

本書分三大篇，第一篇談成長的問題，以六章循序漸進談GDP的誕生及其體質內涵和估計方式諸種根本問題。第二篇分三章談先進國家和開發中國家的ＧＤＰ和經濟成長真相。第三篇則以五章探討如何改進ＧＤＰ和超越成長、邁向「福祉」和「幸福」之路。

作者特別強調，本書不是要否定ＧＤＰ作為經濟衡量標準的存在價值，而是要帶領讀者以更宏觀的角度，去觀察經濟發展的走勢，更期望可以建立一項更健全的方式、指標，作為社會發展與人民幸福的多元衡量標準。

的確，ＧＤＰ國民所得指標有很高的參考價值，但因其項目複雜，且調查統計難度高，很容易被假造和誤用。政府只能將其作為一種資訊參考指標，而且應誠實認真去調查、編製，讓它盡量反映現實，提供研究者及全民參考應用。絕不可以作為施政的唯一目標，否則會將未來賣掉。讀本書會讓你清楚明白，免於受政客欺騙、操弄而投錯票。

The Growth Delusion:
Why Economists are Getting It Wrong and What We Can Do About It

目次

前言

成長狂熱教派

為了追求成長，我們可能必須工作更多小時、削減公共服務、接受更大的不平等、放棄我們的隱私，並讓「創造財富」的銀行家不受管制。在經濟學中，無盡的擴張看起來像病毒。在生物學中，它稱作癌症。

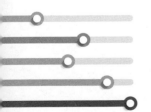

THE GROWTH DELUSION

WHY ECONOMISTS ARE
GETTING IT WRONG AND WHAT WE CAN DO ABOUT IT

七十多年來，世界的先進社會喜不自勝地攬鏡自照，並對其所見沾沾自喜：成長。這面鏡子稱作國內生產毛額（GDP），而它已成為判斷我們有多美的主要標準，不管是從經濟和從社會的角度來看都是如此。經濟——也就是GDP想衡量的東西——層層圍繞我們，你無法嗅聞它或觸摸它，但它是現代世界的背景噪音。它是新聞報導、商業頻道和政治辯論的主食。然而，對這麼基本的一個概念來說，出乎意料的是很少人正確的了解經濟是什麼，或我們如何衡量它的進步。我們只知道它必須持續不斷地向前進，像一隻鯊魚。

我們以GDP定義經濟。*儘管GDP的發明人諄諄告誡，它已然變成國家福祉的代名詞。如果經濟正在成長，那代表情勢必然大好；如果經濟正在萎縮，那麼情勢可能不妙。然而我們一直以來顧盼的鏡子，其實是一面遊樂場凹凸鏡而非浴室鏡，鏡子反射回來的影像受到嚴重扭曲，而且愈來愈和現實脫節。我們經濟的鏡子已經破裂。

我們生活在一個「憤怒年代」，它的定義是平民的反抗和拒絕過去珍視的體制和理念，這股趨勢可以回溯到西方自由主義的興起。[1] 在美國，它促成川普（Donald Trump）的崛起。英國人已投票決定脫離歐盟，而在歐洲，右派和左派的非傳統政黨也已撼搖現狀。從印度到巴西，以及從菲律賓到土耳其的平民反抗，無不引發政治震撼。

有許多不同的理論嘗試解釋，平民的憤怒為什麼發生在這些以主流方法衡量從未像今日這麼富裕過的國家。但這些理論有一個共通的線索，就是人們沒有看到他們的生活反映在官方的圖像中，而這個圖像主要是由經濟學家所描繪。這股反抗勢力有一部分源自認同的問題、無助感、缺少負擔得起的住房、社區的式微，以及對金權政治和不平等升高的憤怒；另一部分則源自我們對「成長」和「經濟」的定義，不再與人們的生活經驗相符。本書的目的在於解釋專家對我們生活的說法，和我們對生活實際的感覺之間的鴻溝。

雖然幾乎所有人都聽過GDP，卻很少人知道它是直到一九三〇年代才發明的工具，先是用來因應大蕭條，然後經過修訂用來為第二次世界大戰做準備。我們要了解的第一件事是，經濟不是一個自然現象，它不是等著被發現的真理。在一九三〇年以前它實際上不存在，它是人創造的東西，像棉花糖或汽車保險，或是複式簿記。

如果GDP是一個人，它對道德將不會有感覺，甚至會視而不見。它衡量各種各類的生產，不管好壞。GDP喜歡汙染，特別是你必須花錢清除的汙染。它喜歡犯罪，因為

＊就本書的主題來說，除非有特別說明，「經濟」和「GDP」是互通的用語，因為我們以經濟的GDP來定義經濟的大小。經濟有時候也以「國民所得」（national income）來代表。GDP成長與成長是同義詞。

它喜歡龐大的警力和修理被打破的窗戶。GDP喜歡卡翠娜颶風，而且對戰爭沒有意見。它喜歡計算為衝突而整備槍砲、飛機和飛彈，然後它喜歡計算城市遭戰火蹂躪成殘垣斷瓦後的重建成本。GDP很精於計算，但對判斷品質卻不在行。它完全忽視餐桌禮儀；對GDP來說，三把叉子的晚餐餐具擺設，與一把刀、叉和湯匙的擺設沒差別。[2]

GDP是傭兵。它不計算沒有金錢換手的交易。它不喜歡做家事（至少我找到一個共通點），而且它逃避所有志工活動。在貧窮國家，它對如何計算大多數人的活動傷透腦筋，因為這些活動大部分發生在金錢計算的經濟之外。它可以計算超級市場的一瓶礦泉水，但無法計算一名衣索比亞女孩步行好幾哩路到水井汲水對經濟的影響。

成長是一個達到生產年齡的兒童，而GDP的設計主要是用來衡量體力的生產。它難以分辨現代的服務經濟，對像保險和花園造景等服務業占主要部分的富裕國家來說，這是個明顯的缺點。它對計算磚頭、鋼筋和腳踏車的生產——「你可以拿來砸自己腳的東西」[3]——很管用；但試試用它來計算理髮、心理分析時段或音樂下載，它會明顯地變得力不從心。它對衡量進步並不靈光，但這卻是我們以為它靈光的項目。就我們衡量成長的主要方法而言，一顆抗生素只值幾美分，雖然在一百年前一個染患梅毒的億萬富豪可能願意用一半的財富交換一個七天的療程。

總之，我們對經濟的定義相當粗糙。就好像有人半開玩笑對作者說：「如果你陷在交通阻塞一個小時，這對ＧＤＰ也有貢獻；如果你到朋友家裡幫忙做點事，那就沒有貢獻。」他說，反正「你只需要知道這一點就夠了」。如果你懷疑這個人說錯了，我希望你繼續讀下去。

我們都直覺地認為這個解釋不對勁，卻又不知從何說起。二〇〇八年的全球金融危機是一個極其明確的訊號，說明經濟學辜負了我們的期望。在之前雷曼兄弟（Lehman Brothers）倒閉和接踵而來幾乎整個西方世界陷入衰退時，成長的狂熱教派曾帶領我們讚頌我們的經濟。像聯邦準備理事會主席葛林斯班（Alan Greenspan）這些人說，情勢一片大好，我們應該放任市場創造愈來愈多財富。

事實上，我們的標準衡量方法並沒有告訴我們成長是怎麼創造的：實際上成長是建立在快速膨脹的家庭債務基礎上，而這種債務則是由狂熱追求紅利的銀行家用愈來愈巧妙（或愈來愈愚蠢）的金融設計所創造的。先進經濟體原本應該已達成被稱為大穩定（Great Moderation）的新天堂，在這個理想世界中，聰明的技術官僚已讓經濟榮枯的循環成為歷史，市場只要任由它自己發展就一定能達成皆大歡喜的穩定狀態。

經濟成長並沒有告訴我們不平等正在升高，也不讓我們了解全球失衡的嚴重性。美國的貿易逆差正不斷膨脹，支應這種逆差的是中東產油國家和中國，而這些國家則把貿易順差轉換成美國公債。中國實際上是在借錢給美國人，以便美國人買得起在世界工廠製造的所有東西。這正是讓成長的旋轉木馬得以持續旋轉——直到它停止——的原因。多年之後，許多西方國家的經濟仍然無法回到二〇〇八年以前的水準，特別是部分歐洲國家。它們赫然發現，多年之前的成長有許多是幻象。

成長的問題之一是，它需要無盡的生產，以及它的表親無盡的消費。除非我們想要愈來愈多的東西和愈來愈多付費的體驗，否則成長終究會減緩。要讓我們的經濟持續向前進，我們必須有永遠無法滿足的胃口。現代經濟學的基礎是，我們對東西的渴望是無限的。然而在我們內心深處，我們知道這條道路的結果是瘋狂。

幾年前，諷刺雜誌《洋蔥》（*Onion*）刊登一篇有關陳賢（Chen Hsien）的文章，他是一個虛構的中國工人，為無聊的美國人製造虛構的「塑膠大便」。這篇典型《洋蔥》式文章的諷刺幾近侮辱，卻一針見血道出問題所在。陳賢不斷搖頭，不可置信地說他被要求製造的廢物包括從沙拉切削機、塑膠袋分配器、微波煎蛋捲機、會發光的閱讀放大器、耶誕節主題的檔案籃、動物形狀的隱形眼鏡盒，和自黏式牆勾等。「我還聽說，當人們不再需要一種商品時，他們就直接丟棄。這麼浪費，一點也不懂得愛惜。」他輕蔑地說。「為什麼需要這麼多廚房用具？」陳賢困惑地問。「我可以了解要有好炒菜鍋、煮飯鍋、水壺、烤盤、一些用具、好瓷器、裡面有過濾網的茶壺，也許還有溫度計。但所有這些多出來的東西——美國人要放哪裡？你會用玉米餅皮盤多少次？『噢，我真的需要這種銀器抽屜整理盒，否則我會瘋掉。』閉嘴，蠢美國人。」[4]

陳賢的抱怨挑動我們的神經，因為在富裕國家大多數人知道我們不斷購買東西，儘管是我們知道不需要而且絕不會用第二次的東西。廣告加上朋友和鄰居的欽羨，促使我們買更多和不斷更新。等到你讀本書時，我的iPhone 5將已成為骨董。我們也知道像洗衣機和烤麵包機等產品的設計都刻意讓它們很容易壞，以便我們在一個永不停止的消費循環中會繼續購買。

陳賢製造的東西聽起來很荒謬，但它們絕不是虛構的東西。天空商場（SkyMall）的購物目錄讓航空旅客可以舒服地在座位上訂購各種非買不可的商品，包括一幅你的寵物穿得像十七世紀貴族的畫像（四十九美元）、可懸掛的松鼠頭（二四．九五美元）、實物大小的懸掛叢林猴塑像（一百二十九美元），以及最重要的，狗狗專用的橡皮嘴唇（二九．九五美元）。當經濟學家說當今世界的問題是長期缺少需求造成時，我們實在搞不清楚我們還需要什麼。[5]

從經濟學的觀點看，世界從來沒有這麼美好過，我們的消費力從來沒有這麼強大過。美國從一九四二年首度公布國民帳（national accounts）以來，一直以近乎快馬加鞭的速度成長。英國和大多數歐洲國家的情況也類似。二〇〇八年金融崩潰的挫敗後，大多數經濟體迄今已重回成長的軌道，雖然速度略微減緩。因此即使成長的力道減弱，我們經濟體的規模也從未如此大過。如果累積的成長能夠代表福祉，那麼我們肯定從沒有像現在這麼滿足過。

把太多信心寄託在成長上有一個明顯的問題，那就是它的成果從來沒有被平均地分享過。我們的平均所得——或福祉——的標準計算方法是把國家的經濟大小，除以居住在這個國家的人數。平均是一個陷阱，能造成嚴重的誤導。銀行家賺的錢比麵包師傅多，麵包師傅賺的錢又比失業者多。在最極端的情況下，如果一個富裕國家的整個經濟大餅都由一個人獨享，其他人都吃不到一口，那麼平均來看每個人應該可以過得不錯，太好了。但實際上許多人會餓死。

真實世界不會那麼極端——可能除了北韓以外——但即使在像美國這樣的國家，平均也可能相當傾斜。讓我們想像一下每年創造的財富有一大部分都流向百分之一、甚至千分之一的人口。聽起來不太可能嗎？事實上，頂層〇．〇一％的美國人，相當於一萬六千個家庭，他們從一九八〇年至今分享的全國財富增長為四倍。他們吃到的美國經濟大餅比率，比起他們的同階層在十九世紀末所謂鍍金時代（Gilded Age）吃到的還大。[6]

如果你的國家經濟成長唯一的原因是富人變得愈來愈富，而你卻必須工作得愈來愈辛苦才能維持生活水準，那麼你有權利問：所有這些成長的目的是什麼？

讓上述說法顯得格外真切的是，有無數的研究顯示，人的快樂並非取決於絕對的財富，而是取決於人與周遭的人相對的財富。一篇以〈猴子拒絕不平等報酬〉為題的論文做了一項實驗，兩隻捲尾猴剛開始對牠們成功執行一項工作後獲得小黃瓜的報酬十分滿意，但當其中一隻猴子後來獲得更美味的葡萄作為報酬後，那隻還獲得平淡無味小黃瓜的猴子生氣了，牠憤怒地把原本滿意的蔬菜沙拉丟向處理員。[7]猴子的經濟成長了，因為葡萄比小黃瓜好。但不平等帶來的是不滿足。人的情況也一樣。當加州大學的員工獲悉他們同事薪資的資訊時，那些發現自己的待遇低於中位數薪資的人突然變得不滿足，並且更可能想找一個新工作。薪資高於中位數的人表現出欣然不受影響的態度。[8]

因此，經濟成長的部分原因是一種個人必須永遠保持領先鄰居的競賽造成的總效應。想像你到附近的餐廳用餐，發現已經很少人願意為服務生或廚師的薪資而爭取這些工作。你的相對財富取決於別人的相對貧窮。就是這種個人保持領先的衝動，讓我們在經濟的倉鼠輪上愈跑愈快，推動經濟前進卻沒有讓自己更快樂些。如果一位服務生一年賺十萬美元，你必須賺二十萬美元才能讓他們為你端上食物。如果他賺二十萬美元，你必須賺四十萬美元，以此類推。

但這並非向來如此。過去幾千年來，沒有人聽過成長這個詞。農業經濟體基本上是靜態的，直到工業革命人類才有能力——起初是慢慢地——逐年增加生產。這也是為什麼英國、然後歐洲、接著是美國和澳洲及紐西蘭逐漸開始脫穎而出，拉大它們與仍然以農業經濟體為主的亞洲、非洲和拉丁美洲差距的原因。

如果成長對人類社會是一個相對新的概念，那麼經濟還更新。在發明GDP前，要定義經濟相當困難，即使是你想這麼做。在以前，經濟差不多指的就是節約成本，也就是珍・奥斯汀（Jane Austen）一八〇八年寫給她姊姊信中的意思：「我應該吃冰，喝法國葡萄酒，而完全超越庸俗的經濟。」[9]

現在我們都太熟悉經濟和經濟成長的概念了。有人甚至會說它們掌控了我們的生活。但它們究竟指的是什麼？如果專家設計的是一套無助於我們了解現實的系統，那麼政府就沒有一套可靠的衡量方法得以了解社會。而如果我們衡量的方法錯誤或不充分，那麼就方向和政策來說，我們得到的也會是錯誤和不充分。政府制訂政策是為了獲得最大化的衡量結果，而過去數十年來這表示最大化的成長。

在英國，兩位前首相布萊爾（Tony Blair）和卡麥隆（David Cameron）推行各項衡量福祉和經濟成長的計畫。雖然這些努力表面上無疾而終，但它們開始轉移辯論並影響政策制訂者對經濟的思考。例如，英國帶頭嘗試衡量醫療和教育等公共服務，這些都是傳統經濟標準未充分反映的項目。

在法國，中間偏右的前總統沙克吉（Nicolas Sarkozy）並非以創建資本主義的基石聞名，他設立了經濟表現與社會進步衡量委員會。在一篇定案文件的前言中他寫道：「除非我們改變衡量經濟表現的方法，我們將不會改變我們的行為。」他說，長期以來專家就已知道我們並未正確地衡量我們的經濟，更不用說衡量福祉了。「我們知道我們的指標有其局限，但我們繼續使用它們，假裝它們沒有局限……我們打造一個崇拜資料的狂熱教派，現在我們已被包圍在裡面。」[10]

沙克吉在預告了席捲全球的民粹主義運動的評論中說，人民直覺地知道他們被欺騙了，而這正是危險所在。「我們開始在堅信自己知識的專家和感覺生活經驗與資料呈現的情況完全脫節的民眾間，製造出一道無法理解的鴻溝。這道鴻溝很危險，因為民眾最後會認為他們被欺騙。民主政治最具破壞性的莫過於此。」

我們生活在一個接受專業訓練的經濟學家受到崇拜的社會，他們以深奧難懂的數學公式為公共辯論設定架構，最後，經濟學家決定了我們能花多少錢在學校、公共圖書館和軍隊，多高的失業率可以被接受，應不應該印製鈔票，或紓困擴張過度的銀行。

柯林頓（Bill Clinton）說：「笨蛋！問題在經濟！」意思是，選民只關心經濟情況。

在當時，這句話有幾分真實。雖然當時很少人能為經濟下明確的定義，但許多人確實根據他們對經濟的表現來投票。那可能是根據個人經驗：他們對自己的工作是否感到安全，和他們的房屋貸款繳納是否吃力。但只要〇．五％的負成長——衰退的技術定義——就足以埋葬一個人的政治前程。選民被一個抽象概念劫持了。

從那時候起，情況有所改變。我們目睹的反彈，意味著人們宣告經濟學家和他們有問題地描繪我們的生活應到此結束。這可能是一大解放，但也可能十分危險。我們不希望幫我們建造橋梁、開飛機或進行心臟手術的人不是專家。我們是否希望管理我們經濟的人不是經濟學家？經濟學家的問題是，他們往往聲稱其專業不夠格宣稱科學精確性。他們也使用一種與民眾的生活經驗無法共鳴的語言。這就是何以一般市民必須學習經濟學家的專門術語、掌握分析經濟情況的工具，並在必要時要求改變經濟的定義，是一件極其重要的事。

GDP的辯護者說，GDP的設計原本就不是用來反映福祉。批評GDP無法反映生活的所有重要面向，就像怪罪量尺不能告訴我們一個人的體重或個性。如果經濟只是一個無關緊要的概念，我們只是用來判斷社會的眾多表現之一，這個答辯將很合理。但經濟成長已變成一種迷戀，代表我們應該關心的所有事情，代表一個我們應該準備犧牲一切的祭壇。我們被告知，為了追求成長，我們可能必須工作更多小時、削減公共服務、接受更大的不平等、放棄我們的隱私，並讓「創造財富」的銀行家不受管制。如果環保主義者是對的，無止境的追求成長甚至可能威脅人類的生存，根絕我們的生物多樣性，並驅使我們達到難以永續的消費和二氧化碳排放水準，摧毀我們的財富所仰賴的地球。在經濟學中，無盡的擴張看起來像病毒。在生物學中，它稱作癌症。

細心引導你瀏覽ＧＤＰ的技術面向是本書各章的目的，同樣重要的是探討各種可能的替代選項——雖然全都不完美——從財富、不平等和永續性的衡量方法，到「主觀福祉」（一般人感受的快樂）的指標，也是本書的目標。

本書的目的不是對成長宣戰。一些人會誤解本書反對成長，然而本書只是想指出我們衡量成長的方法有哪些錯誤，以便我們從根本上了解它的局限。我們衡量經濟的方法有其邏輯，雖然隨著我們從製造轉向服務和從類比轉向數位，它的邏輯已變得較薄弱。但它是一種很狹義的衡量方法，是一扇我們賴以觀看世界的窄窗。我們必須擴大視野，以便看到的景象更能反映我們的生活。

本書出版的緣起是，過去二十年來我經歷從五大洲為《金融時報》製作報導後得到的結論是，我們從經濟成長的透鏡看待一切的習慣，已扭曲了我們對一些重要事情的觀點。我會知道是因為我曾經這麼做。從一九九〇年代我在拉丁美洲做報導的初期，我就教導自己如何拿每一項數字來比較ＧＤＰ，在幾乎每一篇文章中都會提到它——以便為文章增添分量。我沒有花太多時間操心ＧＤＰ到底是什麼，或它應該代表什麼。

直到多年以後，我才開始深入思考它。其中一個觸媒是二〇〇〇年代中期我在日本的經驗，我從主流觀點報導這個國家的經濟陷於停滯。日本經常被描寫成一個無可救藥的國家，困在永久的經濟停滯，對如何擺脫悲慘束手無策。所有這些報導都不正確。當然，日本有許多問題，而且確實它在一九八〇年代舉世稱羨的經濟奇蹟已成強弩之末。但日本在報導中的慘況——以名目ＧＤＰ來衡量——實際上的感覺一點也不悲慘。[11]失業率極低、物價穩定或下跌中，而且大多數人的生活水準在上升。社區生活不受影響，比起美國、英國和法國的社區尤其明顯。犯罪率極低，藥物濫用幾乎不存在，有世界級品質的食物和消費產品，醫療和預期壽命在全世界名列前茅。[12]但是從經濟學的透鏡看，日本是個悲慘的輸家。

經濟學可能呈現一個扭曲的世界觀。有許多對我們很重要的事物，從乾淨的空氣到安全的街道，從穩定的工作到健全的心智，都不在它的視野範圍內。當然，我們可以雙手一攤，讓別人來操心經濟成長的精確定義，但那將表示自己放棄參與辯論。那將表示把攸關生活的事務交給自稱專家的人來代理。看看那已經讓我們陷入何種景況。

第一篇——

成長的問題

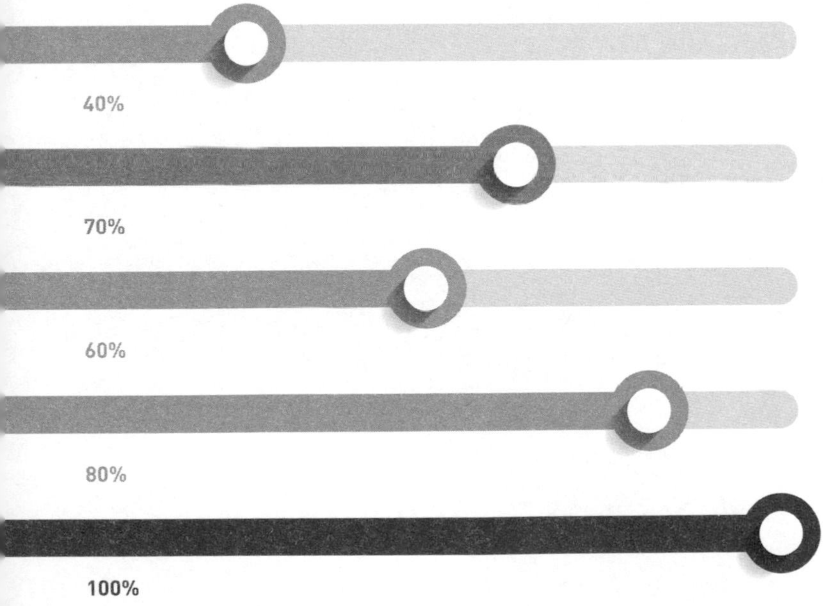

第一章

顧志耐的怪物

我們今日計算經濟成長的方法忽視顧志耐的警告。我們的銀行愈大、我們的廣告商愈有說服力、我們的犯罪愈嚴重、我們的醫療愈昂貴，就能讓我們的經濟表現看起來愈好。這不是顧志耐想要的，但卻是我們現在的做法。

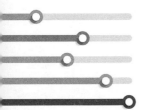

THE GROWTH
DELUSION

WHY ECONOMISTS ARE
GETTING IT WRONG AND WHAT WE CAN DO ABOUT IT

在人類大部分歷史上，我們慣常所稱的「經濟」大體上都以神祕莫測的方式運作。確實，幾千年來經濟的概念幾乎不存在。有兩個理由可以解釋這一點：

第一，在十八世紀工業革命前，經濟成長這種東西真的不存在。這讓經濟變成一個極其無趣的主題。農業社會的生產大體上是天氣的功能。如果雨水豐潤，收成就好；如果雨水不好，收成就出問題。在這個前工業世界，不同地區之間也沒有很大的生產落差。大多數人都只是勉強餬口。因此一個地區的經濟規模大致上取決於其人口多寡。在西元一〇〇〇年，中國和印度占全球經濟生產的略超過一半，這個比例維持不變約六百年（現在也許正要再度重回這個比例）。❶

第二，在君主時代——特別是幸運地有上帝授權的君主——廣義的經濟發生什麼情況並不受重視。對專制君主來說，他的財富和他領土上的財富並沒有差別。❷在君主財富和國家財富沒有差別的情況下，我們可以稱為經濟的東西就沒有存在的空間。除了讓宮廷保持習慣的奢華外，國家經濟唯一要做的事是提供戰爭經費。國家只有在征服新領土後才會成長。如果國王能號召軍隊攫取新領土，國家的財富就會增加。但你如何判斷你的國家能夠支應成本？大多數早期記述經濟規模的嘗試都是為了想計算君主發動戰爭的能力。❸

法國就是一個例子。一七八一年，路易十六的瑞士裔財務大臣雅克・內克爾

（Jacques Necker）提出他著名的《呈國王財政報告書》（*Compte Rendu au Roi*），首度嚴謹地計算法國的財政狀況。內克爾在之前是一位極成功的銀行家——聽到警報聲響起了嗎？——他宣稱法國的財政極其穩健。收入超過支出多達龐大的一千萬里弗爾（livres）。報告的主要目的是說明法國可以輕易介入美國革命戰爭，而且照慣例是站在英國的敵對邊。內克爾本身靠投機致富，他想證明法國的財政穩健到可以輕鬆地舉債來支應戰事。不過，這份財政報告書明顯遺漏的是，法國已經在內克爾的指令下負債累累。所以最早嘗試提出的一份國民帳報告也是一份虛構的報告。

內克爾扭曲國民帳並不是歷史上首例。這份殊榮通常是歸給威廉・配第（William Petty），他在一六五二年公布的地籍測量（Down Survey）被許多人認為是首度對國家經濟做有系統的調查——在這個例子是對愛爾蘭。[4]在簡單的工具和一千名失業軍人的協助下，配第對涵蓋五百萬英畝土地的三十個郡進行全面地圖測繪，主要目的是劃出克倫威爾（Oliver Cromwell）征服的天主教會土地，並用來償付戰爭的融資者和士兵薪資的積欠款。除了測繪地圖外，配第也詳盡地調查資產，包括船舶、房屋和個人財產。他從這些調查了解收入如何創造，這與過去記錄財富庫存的努力如一〇八六年的《末日審判書》（*Domesday Book*）有很大的不同。

後來在查理二世（King Charles II）復辟後，配第在英格蘭和威爾斯也如法炮製，這時候的目的是提高君主向臣民課稅的能力。配第建議記錄國內的消費、生產、貿易和人口成長，並開始擬訂評估勞動和土地價值的方法。

如果早期嘗試調查經濟的共同主題是戰爭、徵稅和滿足君主需求，我們也該知道還有一些從不同觀點出發的思想學派。在十八世紀的法國，所謂的重農主義強調國家的財富根植於農場生產和生產性工作。與配第略有不同的是，重農主義者對「生產階級」的解釋主要包含農業勞動力，而所謂「不生產」階級則包括「工匠、專業者、商人，以及——不出所料的——國王本身」。[5] 從這個觀點看，經濟的發明——與君主的觀點截然不同——是極其民主的一件事。

亞當．斯密（Adam Smith）在他一七七六年首度出版的《國富論》（*An Inquiry into the Nature and Causes of the Wealth of Nations*）中，也把勞動區分為生產和不生產的類別。他寫道，人「因為僱用許多製造者而變富；他因為保留許多僕人而變窮」。這不是很討好有閒階級的觀點。除了為無所事事的貴族做無用工作的各種僕役外，斯密把君主以及陸軍和海軍都列入不生產的勞動力類別。

這些早期記錄國民財富的嘗試有一個共通點，就是今日經濟學家所稱的劃生產界限——區別哪些活動應該算是生產和哪些不是。簡單地說，他們嘗試回答一個在今日仍然很重要的問題：經濟究竟是什麼？在龐大的經濟帳目中，國王應該出現在正邊，是國家傳承的血肉體現？或者，正如重農主義者和斯密暗示的，應該記在帳簿的負邊，是不具生產力的國家資源耗費者？

哪些該包括在內和哪些不該的這個問題，此後便一直爭論不休。我們應該把政府支出包括在內嗎？服務供應商呢？他們對社會的貢獻——健康的心智（心理分析師）、幽默（小丑）、教育（老師）——可能比馬蹄鐵或幾擔小麥更難計算。二十世紀的共產國家大體上完全忽略服務業，即使到今日我們仍對衡量它們的經濟貢獻感到力不從心。

今日世界各國幾乎普遍使用的現代國民帳形式，一直到一九三〇年代才開始成形。顧志耐（Simon Kuznets）往往被讚譽為ＧＤＰ的發明者，而ＧＤＰ則是國民帳系統的精華。但顧志耐很快發現，他的創造物——很像弗蘭肯斯坦（Victor Frankenstein）——開始有自己的生命和方向。

據說發明成長衡量方法的這個人出生於一九〇一年平斯克鎮（Pinsk）的商人家庭，當時平斯克還是舊俄帝國的一部分，有許多猶太人口，而顧志耐的父母是白俄羅斯猶太人。小時候他生活在沙皇統治下，少年時期是孟什維克黨的支持者，但孟什維克黨改革舊俄的希望因為一九一七年的布爾什維克十月革命而破滅。[6]當時顧志耐在烏克蘭的哈爾科夫大學求學，他在那裡進入商務研究所學習經濟學、歷史、統計學和數學。他是一個極有社會意識和理想的年輕人。

他在哈爾科夫大學的老師強調根據實證資料提出見解的重要性，他也終其一生奉行此一原則。他們的教導也強調把經濟理論放在一個更廣的歷史和社會背景中。顧志耐是個聰明的學生，二十多歲時已發表研究哈爾科夫工廠工人薪資的第一篇論文。他在大學的研究因俄國內戰而中斷，一九二二年他的家人經由土耳其輾轉逃到美國。這個白俄羅斯流亡者就是在美國對全球經濟學帶來根本和持久的影響。

顧志耐在哥倫比亞大學繼續他的學業，一九二三年畢業，並在一九二六年獲得博士學位。次年他加入國家經濟研究局（NBER）這個一九二〇年創立的智庫。顧志耐後來成為一位傑出的學術經濟學家，擁有任何認真的經濟學家都會稱羨的尊榮——一條以他命名的曲線。[7]（此外，他也在一九七一年贏得一座諾貝爾經濟學獎。）不過，他最歷久彌新的成就來自經濟學和真實世界的交會處。

顧志耐熱愛資料。他與國家經濟研究局第一位研究部主任韋斯利・米切爾（Wesley Mitchell）緊密合作，米切爾也擔任胡佛總統社會趨勢委員會主席。這些研究帶領顧志耐進入政府政策的核心。胡佛在競選中向美國人承諾「每只鍋裡有隻雞，每個車庫有輛車」。但美國人得到的是華爾街崩盤和大蕭條。緊隨而至的可怕蕭條，在最嚴重時每四個美國人就有一個失業，但胡佛的反應既緩慢又不恰當。基本上，他認為經濟會自己好起來。他向美國人保證，很快就能恢復繁榮。

也許胡佛不應該承擔所有罪責，當時缺少有系統的方法來正確描繪國家經濟的情況。美國商務部二〇〇〇年發行的一份刊物稱許GDP是「二十世紀最偉大的發明之一」，並引述一位經濟學家的說法：「我們很失望地讀到胡佛總統和接任的羅斯福總統，在一九三〇年代根據如此粗略的資料如股價指數、貨運汽車裝載量和不完整的工業生產指數，來對抗大蕭條。」儘管在今日這個執迷於經濟統計的時代很難想像，但胡佛對當時實際的經濟情況只有極粗略的概念。

但情況即將轉變，當一九三三年小羅斯福出任總統後，顧志耐接下創立國民帳的任務。他在一篇為《社會科學百科全書》寫的文章中條列他的想法。他的概念簡單得出奇：把所有人類活動擠進一個單一的數字。

顧志耐是做這項工作的理想人選。他對衡量事物有幾近偏執的精神。一位作家比喻他分析經濟的方法，像醫生為病患看診。他根據對可觀察的資料和病徵做評估，但是了解病患的病根也需要判斷、知識和積極地探究事實。對顧志耐來說，追根究柢比聰明重要。[8]

顧志耐開始把美國工業區分成不同的類別，例如能源、製造、採礦和農業。他的幕僚包括三名助理和五名統計員。「他們一起走出辦公室，拜訪工廠、礦場和農場，訪問業主和經理人，並把數字寫在筆記本上。」[9]雖然今日蒐集資料的規模遠為龐大，但即使在大數據的時代方法學並沒有改變多少。今日衡量經濟主要仍仰賴對調查資料的推斷，而非加總蒐集的事實。

顧志耐的團隊跑遍美國各地，問農民和工廠經理人他們生產多少，和他們採購什麼東西以製造他們的最終產品。這個團隊分享資料以便比較結果和確認異常情況。顧志耐知道孤立的資料沒有多大意義，它們必須加以詮釋。雖然第一套完整的國民生產毛額統計資料是在多年之後的一九四二年才公布，顧志耐的研究很早就已展現成果。[10]一九三四年一月，他首度向國會提出報告。這份歷史性的文件有二百六十一頁，題目是只有經濟學家夢寐以求的「國民所得，一九二九－三二年」。

報告一開始先釐清數字能揭露和不能揭露什麼。顧志耐說，他的研究是「估計的混合物」，在最理想的情況下「也只是考慮周詳的猜測」。[11]他明白表示，從這樣的估計「很難推斷」國家的福祉。不過，報告裡藏著一顆炸彈。在華爾街崩盤後三年間，美國經濟規模幾乎已縮小一半。

顧志耐的發現變成羅斯福新政（New Deal）遠為恢宏的第二階段的基礎，在這段期間，政府大舉支出在公共工程、農場援助和社會安全上，以使美國經濟擺脫似乎永無止境的衰退。顧志耐為採取如此激進的行動提供了一個比貨運汽車載運量遠為嚴格的實證基礎。不過，他也警告國民所得的估計「本身沒有多大價值」。他說最終的數字本身並不重要，這些話特別是在今日應該更具意義。例如，深入分析顯示，在大蕭條期間不平等大幅升高，藍領階級的薪資下跌比白領階級快，房地產擁有人的生活則比大多數人好。

這些發現提供羅斯福需要的證據，以推動他激進的就業政策，包括失業救濟、禁止童工和保護組織工會的權利。沒有顧志耐的報告，許多這類政策不可能實施。

他還有許多工作尚未完成。一九三六年顧志耐協助舉辦第一屆所得和財富研究會議，參加者包括學界和政府高階人士。國民生產毛額（ＧＮＰ）這個詞在會議中首度被使用。[12]他公布前三次年度會議的內容，揭露了參與會議者對應該衡量什麼、應該剔除什麼的看法有顯著的差異。

雖然顧志耐被視為ＧＤＰ之父，在一九四〇年代初期發展出來——且大體上沿用至今——的方法學有幾個重要的面向違反了他最根本的信念。顧志耐致力於尋找一種反映幸福的衡量標準，而非他視為粗糙的總和所有活動。他希望排除非法活動、有害社會的工業，和大部分政府支出。但他在許多這些議題上輸了。一個國民帳會計課的學生甚至說：「顧志耐非但不是ＧＤＰ的創始人，而且是它最大的反對者。」[13]

第二次世界大戰最重要的結果之一是原子彈的發明。發明它的是科學家，其中有些人逃離納粹德國，在新墨西哥州沙漠為最高機密的曼哈頓計畫工作。原子彈不僅是戰爭的產物，而且協助美國贏得戰爭。較不為人知的是，GDP的發明是在倉促和與法西斯主義的生存鬥爭中成形的。和原子彈一樣，GDP的發明對戰爭有具體的影響。顧志耐與部分領導曼哈頓計畫的人類似，他也是不得已才參與他自己的發明。

顧志耐認為，經濟的合理定義應該排除國防支出。在戰爭期間，他屈服於壓力而把打敗法西斯主義的軍備支出納入其中，但他宣稱在承平時期國家發動戰爭的能力對人民的幸福沒有貢獻。他在一九三七年寫道，國民所得表應該從一個「開明的社會哲學」觀點來建構，且不應該計算有害（或以他的用詞「有壞處」）的活動。他列舉排除的第一個項目是「所有軍備支出」。對顧志耐來說，準備戰爭的支出減損國家的福祉，因為它減除個人消費的能力，而且它本質上是防備用的。如果這種支出是必要的罪惡，那麼它在帳上應該以負數呈現，而非正數。

但國民帳是戰爭的產物。顧志耐在戰爭開始前就輸了。從一九四〇年起，顧志耐主持的國民帳發展會議開始改成閉門會議。美國經濟情況的討論變成高度機密備戰的一部分。更清楚呈現這種連結的是，一九四二年顧志耐被調派到戰爭生產局規畫委員會。他的主要工作是研究經濟是否有足夠的空間產能，可以轉換為軍火生產。更籠統地說，他必須評估美國經濟維持在歐洲和亞洲進行全面戰爭的能力，因為在前一年珍珠港遭攻擊後，美國已向日本宣戰。

顧志耐全心投入這項任務。他尋求發現運用美國經濟能力的最好方式，以便在建立戰爭機器和維持必要的國內消費以維繫經濟度過難關之間達成平衡。政府和軍方內部發生嚴重歧見，一方主張徵募生產手段，甚至將之國家化以轉移到軍事用途；另一方是包括與顧志耐共事的其他人，他們認為經濟有充裕的多餘產能可以利用，而不必削減國內消費。這些經濟學家甚至可能影響了美國介入歐洲戰事的時間，因為他們得到的結論是，如果美國延遲到一九四三年底或一九四四年初才介入戰爭，將更能維持其戰力。[14]

德國不但沒有能逆轉戰爭以居於優勢的原子彈，也缺少可以發揮助力的統計學家和經濟學家。德國在戰爭結束時還沒有像美國在國民帳上取得的這類進步。[15]

另一股強大的力量也發揮作用——凱因斯（John Maynard Keynes）。一九四〇年，在顧志耐被轉調到戰爭生產局之前兩年，這位著名的英國經濟學家已寫出一本立即帶來大影響的小書，書名是毫不含糊的《如何應付戰事開支》（*How to Pay for the War*）。在英國極力阻擋納粹德國威脅之際，凱因斯抱怨經濟統計太過模糊，無法計算出可用於戰爭動員的資源數量。他在小書開宗明義表示，希望找到「最好的方法以調節戰爭的需要和民間消費的要求」。

凱因斯想找出最公平的方法，以分配逐漸減少的資源，同時維持政府舉債以支應戰爭的能力。「為了計算平民消費剩下來的餅有多大，」他寫道，政府將必須估計各種東西，包括經濟的「最大經常性產出」、動用外匯準備以支應進口的可續性，和需要用於槍砲、飛機和兵員的金額。根據他粗略的計算，讓男童和女性加入勞動力和延長加班時間，可望增加一五%到二〇%的生產。但他抱怨說：「用來建立這些估計的統計資料十分缺乏。從上次戰爭以來，各國政府一直是反科學和蒙昧主義者，把蒐集必要的事實視為浪費錢。」他的結論是，只有國家適合蒐集和處理這類統計。如果缺少統計資料，政府就是在摸黑行進。

這還不是全部。在凱因斯之前，定義國家經濟界限的嘗試一直把政府排除在外。但凱因斯認為政府在經濟中扮演重大角色，特別是在企業不景氣期間，而他主張在這種時候政府應擴大支出以刺激需求。如果政府支出被排除在GDP之外，那麼它在經濟中的角色將減弱。直到當時國民所得一直被認為是市場活動的總和，或者民間個人、包括企業在投資和消費上的支出。[16]在這個定義下，政府沒有容身之地。

顧志耐認為大部分政府支出——包括興建道路等項目——是所謂的中介成本，「隱含於我們的經濟文明中」。對凱因斯來說，這是一個概念的錯誤。如果政府支出被排除在外，那麼國家在戰事的所有花費都要在國民帳上計為經濟成長的反方。政府花費愈多，民間可得的消費和投資就愈少。凱因斯的經濟觀點認為，這種國家經濟的定義是自相矛盾。政府必須是經濟的一部分。

這幾乎是一個革命性的主張，無異於重新定義經濟是什麼。藉由把這個概念加進國民帳，凱因斯繼續展現他的影響力。如果不是這個定義的轉變，我們今日所知的凱因斯財政刺激將難以找到理由，因為它將從國民所得中減除，而非加上。只有在政府被視為經濟的一部分時，它的支出才能對最終的產出有所貢獻。就在這種情況下，「一個英國戰時對經濟的定義變成了全球共識」。[17]

凱因斯的觀念對英國產生巨大的影響，兩位年輕的經濟學家理察・史東（Richard Stone）和詹姆斯・米德（James Meade）受財政部之託，建立了英國第一套現代國民帳並開始實施。一九四一年公布的這套新系統明顯帶著凱因斯理論的印記，同時凱因斯的學說也很快在大西洋的對岸生根，因為資助戰爭在美國已成為製作精確國民帳的理由。現實政治在這位強悍且影響力極大的經濟學家支撐下，讓顧志耐的目標被束諸高閣。正如一位評論家寫道，凱因斯是GDP真正的發明者，這是「經濟史上被掩藏得最好的祕密之一」。[18]

顧志耐喪失對其發明的影響力還有第三個原因。顧志耐認為任何有害於社會福祉的活動也應排除在GDP外。這不僅包括軍備，廣告、投機和所有非法活動如賭博、勒索和嫖妓也包括在內。什麼該加入和什麼該剔除有點像做蛋糕，你選擇的食譜將影響風味和質地：你可以選海綿蛋糕或巧克力蛋糕。顧志耐的口味較拘謹，甚至呆板。他認為國民帳只應該衡量對你有好處的經濟活動——他肯定是站在海綿蛋糕這邊。顧志耐輸掉那場辯論，所以我們得到的是特濃巧克力乳脂軟糖蛋糕，加上鮮奶油和糖粉。所有東西，不管好壞，都加進去。經濟成長——像奶油和鮮奶油——對你的健康不見得有好處。

顧志耐以他略微平板的風格，對這件事做了評論。

> 如果把國民帳的估算，除去從較開明的社會哲學而非貪求社會的觀點來看代表有害而非有益的元素，將是很有價值的做法。這種估算將把現在的國民所得總數減去所有軍備開支、大多數廣告經費，和許多牽涉金融和投機活動的支出。[19]

我們今日計算經濟成長的方法忽視顧志耐的警告。我們的銀行愈大、我們的廣告商愈有說服力、我們的犯罪愈嚴重、我們的醫療愈昂貴，就能讓我們的經濟表現看起來愈好。這不是顧志耐想要的，但卻是我們現在的做法。

第二章

罪惡的工資

國民所得從來就不是一種道德衡量標準，也不代表福祉。如果想增加 GDP，應該提高加值稅、使用非法毒品、召妓和發動戰爭。聽起來像快樂時光，不是嗎？

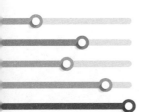

THE GROWTH DELUSION

WHY ECONOMISTS ARE GETTING IT WRONG AND WHAT WE CAN DO ABOUT IT

二〇一二年某一天，兩名在英國國家統計局工作的會計師展開一項不尋常的計畫：他們開始計算娼妓。約書亞・阿勃拉姆斯基（Joshua Abramsky）和史蒂夫・德魯（Steve Drew）不是無聊，他們是回應歐盟統計機構歐盟統計局的規定，要歐盟國家把國民所得的計算方法標準化。

世界各國編製國民帳的方法並不一致，其中一種情況是它們對待非法活動的方式，例如賭博、娼妓和處理贓物。顧志耐認為對人類福祉有貢獻的活動才應計算在內，但誰來決定什麼活動有貢獻？他認為廣告沒有價值。也許不同的人會認定玩電動遊戲浪費時間，或認為菸酒或垃圾食物有礙健康而把它們剔除在外。

歐盟統計局在許多年前已解決這個爭議，裁定任何金錢交易只要參與各方同意就應算是經濟活動。[1]畢竟在一些歐洲國家娼妓已經合法化，例如荷蘭阿姆斯特丹的娼妓以坐在運河兩旁的展示櫥窗聞名。在一些國家，某些類別的毒品也屬合法。而且在這些歐洲國家這類活動被計算為經濟的一部分。為了保持一致，歐盟統計局希望其他國家採用相同的方法。[2]它的理由是，國民所得應該衡量一個國家在特定期間製造的產品與服務。但這種方法無法區別「好」和「壞」的活動。如果炸彈和衍生性金融商品（銀行界製造的有毒、且偶爾會爆炸的金融產品）都計算在內，一劑海洛因或一小時的付費性愛有什麼不可以？

但阿勃拉姆斯基和德魯要如何決定娼妓對英國經濟的貢獻？他們要到哪裡尋找資訊？你不難想像，他們不會直接到最近的紅燈區去計算他們看到多少娼妓，身為統計專家的他們會做想當然耳的事：他們先去翻閱研究文獻。[3]資訊寥寥可數，計算在英國工作的娼妓有多少並不容易。不令人意外的，標準的家庭調查裡不會詢問有關使用性服務的問題。阿勃拉姆斯基和德魯找到二〇〇四年對倫敦非街頭娼妓做的調查，並加上大倫敦警局估計的街頭娼妓數字。[4]然後他們放大範圍，得出二〇〇四年英國娼妓的總數估計。利用十六歲以上男性的人口普查資料，他們根據娼妓人數會隨著男性人口成比例增加的假設，來更新今日的娼妓人數。

他們從這些簡單的計算估計——帶著務求精確的警惕——二〇〇九年有六萬零八百七十九名娼妓在英國工作。為了凸顯這項計算的局限，這裡必須指出只有女性娼妓被計算在內。[5]她們的服務有多少價值？若要計算這個數值，統計者必須知道每個娼妓接待多少顧客，和她們的性服務收費多少。他們再度尋求研究資料的協助，這一次他們找到荷蘭的學術研究對娼妓每個月接待多少顧客的估計，至於數字則參考PunterNet這個男性尋芳客評比娼妓服務的網站。以每位娼妓每週約二十五名顧客平均每次「個人服務」收費六七．一六英鎊計算，他們算出二〇〇九年英國男人在娼妓上的總支出。

阿勃拉姆斯基和德魯對非法毒品做了類似的調查，他們把研究局限在快克古柯鹼、粉狀古柯鹼、海洛因、印度大麻、搖頭丸和安非他命。（如果你選擇的毒品不在清單上，你實際上對經濟沒有貢獻。）他們也對中介性消費——原料必須製成最終產品——做類似的假設，例如藉由從大麻的最終銷售價格減去種植大麻的電費，以得出一個附加價值數字。[6]

這個在英國媒體激起小騷動的做法讓人感覺有點荒唐，但我們選擇計算和不計算的東西確實有影響。以下是《金融時報》的一篇讀者投書，回應該報的報導說性工作和非法毒品為英國經濟增添九十七億英鎊產值，以及一篇沒有直接關係的社論呼籲英國維持其國防支出占GDP的二%。[7]

> 貴報在社論「英國的國防將選擇戰鬥或逃跑」中提到北約所訂的占GDP二%的標準，顯然是很奇怪的計算國家國防預算的方法。把這個標準用在英國，意謂近來這個被訂為目標的支出數字已經上升，因為娼妓的收入和非法毒品的消費已被包括在GDP的成分——這似乎有點荒謬。只要娼妓多努力一點，軍隊就能多增添幾把槍！

採用不同的方法學來計算經濟的大小會扭曲國際間的比較，而GDP正是經常被用於國際比較的東西。例如，美國的GDP不計算非法活動。美國當然計算槍枝，因為槍在美國合法，但在歐洲大部分國家屬非法。

毒品在美國（使用很普遍）和在哥倫比亞（重要的供應國）獲得的待遇大不相同。哥倫比亞傳統上把毒品視為經濟活動的一部分，雖然毒品的貢獻正逐年減少。二〇一〇年艾斯科巴（Pablo Escobar）的麥德林卡特爾瓦解後，毒品的貢獻急遽減少。但根據波哥大羅薩里奧大學經濟學家里卡多．羅恰（Ricado Rocha）估計，在一九八〇年代末的最高峰，古柯鹼占哥倫比亞GDP的六．三%。[8]到二〇一〇年，毒品卡特爾的影響力不再，它們的貢獻已下滑到僅占一%。

這些事確實有影響。在一九八七年，義大利人以像電影《安逸人生》（*Il Sorpasso*）描述的得意心情，突然發現他們的經濟已超越英國，變成全球第五大經濟體。原因呢？義大利統計局改變對該國惡名昭彰的龐大未稅地下經濟的計算方法。其結果是經濟規模躍增一八%，而這有一部分要歸功於黑手黨。義大利商業日報《24小時太陽報》（*Il Sole 24 Ore*）編輯埃斯波西托（Massimo Esposito）說：「我們醒來突然發現，我們一夕間生活變得更富有、更美好了。」[9]

我們衡量的東西可能且經常影響我們對自己的看法。它也可能影響政策。既然我們已經知道快克古柯鹼和娼妓對英國經濟的金額貢獻，合理的下一步可能是這些產品與服務的合法化（和課稅）。這可能不是壞事，但我們應該承認我們衡量的方法會影響政策。例如，誰會懷疑西方政府因為武器製造商對經濟有貢獻而鼓勵它們，不管武器造成多少人死傷？

同樣的，世界各國政府對菸草公司很寬容，因為它們對經濟有貢獻，且繳稅給國庫。但香菸對社會的隱藏成本——危害健康、醫療支出和縮短壽命——卻被視為它們貢獻經濟的必要副產品。此外，吸菸帶來的醫院照護和癌症治療也對經濟產值有貢獻。這是一個我們把成長列為優先而未仔細思考原因的好例子。由於我們幾乎完全透過經濟的透鏡看政策，所以很容易把肺癌視為交換成長的必要代價。把菸草從經濟活動的清單剔除不會治好我們對尼古丁的渴望，但這可能改變政府的誘因，進而改變對菸草業的政策。

任何政治人物要是支持為更大的理想而犧牲一點成長，不管是為社會或環保的目標，都會遭到懲罰。舉例來說，在美國，藉提高汽油稅來對抗全球暖化的做法在政治上是無法想像的事，因為會犧牲成長。川普總統以成長為由退出巴黎氣候變遷會議，贏得許多美國民眾的強力支持。當澳洲前總理陸克文（Kevin Rudd）嘗試實施碳排放交易制度，他的法案被以會提高企業成本和傷害經濟的理由而未通過。最後他顏面盡失地被趕下台。[10]

把毒品和娼妓加進英國國民所得，有助於凸顯有關我們衡量的標準和我們贊成何種社會的問題。如果按照這種做法的邏輯，舉例來說，我們是否應該也把職業殺手和收保護費算進我們的國家經濟？如果職業殺手收錢執行服務，這是否符合歐盟統計局應該算進經濟的標準：心甘情願的各方所進行的金錢交易？

我們是不是也該計算贓物交易？沒錯，我們已經這麼做。國民帳專家馬哈珍（Sanjiv Mahajan）解釋說，初始的偷竊行為和贓物銷售之間有區別，如果我竊取你的法拉利，那是非自願交易，因此不會出現在國民所得；但如果我把你的法拉利賣掉，並且用拿到的錢「到福南梅森百貨（Fortnum & Mason）買魚子醬和葡萄酒」，那將變成一筆零售銷售，並因而提高經濟。馬哈珍說：「我不希望在《太陽報》（*The Sun*）上看到『更多竊賊對經濟有貢獻』的新聞，但那確實是如此，因為你沒有生產任何東西卻賺到錢，你把相同的產品計算兩次。」

馬哈珍很清楚這種想法聽起來很沒有標準、甚至不合邏輯，但他說，國民所得從來就不是一種道德衡量標準，也不代表福祉。他建議說：「如果你想增加ＧＤＰ，應該提高加值稅、使用非法毒品、召妓和發動戰爭。聽起來像快樂時光，不是嗎？」

在威爾斯紐波特大教堂市郊外，距離尤斯克河不遠的地方有一座經常颳著大風的工業區，工業區內有一棟用磚頭和玻璃蓋的單調矮建築。房子採用的就是那種讓現代建築師遭人詬罵的結構，你會不由自主想像一排排的統計專家在那裡埋頭研究一頁又一頁的統計數字。屋外的草地上有一面褪色的白色招牌由兩根金屬柱高舉著，上面寫著國家統計局，旁邊還有一些威爾斯文，意思應該是：「當心：統計人員工作中。」

英國國家統計局在二〇〇七年把所有辦公室從倫敦搬到南威爾斯的這個地方，幾乎所有住在倫敦的員工辭掉工作而未跟隨搬到紐波特。這不是一個威爾斯觀光局喜歡誇耀的插曲。

匯編英國的統計數字是一件吃力不討好的工作。儘管國家統計局具有專長的員工辛勤工作，《金融時報》的一項調查發現，只有一〇%的英國人相信該局編製的數字正確。大多數人認為資料遭到政治操縱。[11]不管如何，如果英國國民帳的編製者延遲公布數字——顯然沒有人相信——他們肯定會吃足苦頭。二〇一〇年六月，國家統計局承認發現國民所得的數字可能出錯，並延遲公布資料。兩週的延期造成市場軒然大波，市場不斷揣測已發表的成長資料可能遭修正。當更新的資料公布時，果然衰退比預期嚴重，經濟從高峰到低谷的萎縮幅度達到六·四%，大於先前發表的六·二%。

國家統計局不但必須搬遷地點，還被削減預算數百萬英鎊。這導致它必須縮減調查樣本的數量，並考慮完全放棄一些統計數列。政府甚至揚言要取消下次人口普查，理由是太花錢，雖然人口普查是許多資料組的基礎。英國二〇一一年人口普查的花費高達四億八千萬英鎊。[12]蒐集優質的統計資料很花錢，正如凱因斯六十多年前就已指出，它向來不是政治上的優先要務。

對每一季末在紐波特編製國民所得帳的約六百五十個人來說，那就像是一聲起跑槍。他們只有二十五天的時間編製初次估計數字，對可能花了三年時間蒐集所有相關資訊來說，這是很艱鉅的任務。因此，初次公布的數字只是約略的估算，有待獲得更多資料後進一步調整。國家統計局會在每季結束後二十五天、五十五天和八十五天各公布一次估計數字，到最後一次時約有九〇％的相關資料已經取得。[13]世界各國的統計局公布的時程略有不同，但大體上方法相同。

GDP有三種配方，雖然每種配方的成分不同，理論上它們最後嘗起來的味道應該完全一樣。在實務上，由於各種方法摻入繁複的資料和假設，得出的結果往往大不相同。因此國民帳會計師必須藉由去除有誤導之虞的異常值，以調和三種數字。

在我們談到三種配方前，讓我們先談談定義。國家統計局——它的座右銘是很動聽且完全值得稱許的「更好的統計，更好的決策」——說GDP是「在一定期間計算的產品與服務的價值」。這聽起來簡單得讓人忍不住問：為什麼它經過幾百年的時間才發明出來？

GDP三個字母第一個「G」代表毛額（gross），簡單地表示一個沒有減去任何項目的數字。[14]顧志耐也曾考慮過國內生產淨值（net national product），這表示必須減去許多項目，包括用來製造最終產品的機器折舊。第二個「D」代表國內（domestic），這讓它與國民生產毛額（GNP）有所區別，GNP包括一國的公司製造的所有東西，不管是在國內或國外製造。在國際化的時代，這個區別有其重要性。最後的「P」代表產品（product），它表示製造的所有東西，包括產品和服務。

三個配方就是我們所稱的支出、收入和生產方法。[15]它們衡量支出什麼、賺得什麼，和製造什麼。一個經濟體應該只生產被購買的東西（如果把進口和出口都納入考量），人只能支出他們賺得的錢。這就是理論上三種方法應該得出相同結果的原因。

生產方法是工廠和農場、理髮師和糕點師生產的所有東西的總和。計算生產的價值不是直接加總的動作，因為很容易重複計算。舉麵包師傅做例子。[16]你不能只是簡單地加總甜甜圈、長條麵包、可頌和甜甜圈——我是不是已說過甜甜圈？——的價值，就得出正確的數字，因為你會把這些產品之前已經算過的項目計算進去。你在計算磨坊的生產時，已計算過麵粉。而且你在加總小麥農場的生產時，已經算過送到磨坊製造麵粉的小麥。

因此，在計算麵包對經濟的貢獻時，你實際上是嘗試計算所謂的「附加價值」，即在轉換麵包——以及奶油、電力、勞動和租金——成為一條硬脆的農家麵包或德國粗黑麥麵包的過程中增加的價值。你必須減去在製造成品時所有中介產品的價值。生產的公式雖然簡單，卻容易令人混淆：在一定時期生產的所有產品和服務，減去中介產品價值。

接下來是支出法，這種方法計算經濟學家有時候稱為「總需求」的東西，也就是「支出」的所有東西，不管是家庭、企業或政府的支出。由於我們計算的是國內產品，所以必須把出口計算進去，並減去進口，因為進口產品是在國外製造。這個配方的公式是：消費者支出加上政府支出和投資，加上企業投資，加上出口，減去進口。這也許是最知名的經濟烹調食譜了。[17]最後一種食譜是收入法，它衡量一個經濟體中所有賺得的收入，大多是薪資、利潤、股息、租金和稅收。所以就衡量我們的經濟來說，我們就是我們賺的錢。

和在美國、歐洲和許多其他國家一樣，英國國家統計局仰賴的大部分數字來自樣本調查。但它們不是全面計算經濟中發生的每一項交易。對我們衡量經濟的方法多所批評的作家烏梅爾・哈克（Umair Haque）說：「天上沒有一台電腦在計算所有的收據。它是很粗糙的調查，所以我們不應該把它當成神明。」[18]

舉一個通俗的例子，國家統計局無法知道我到小店買的每一包無花果軟餅或一根通馬桶吸盤。前者的資料來自多種來源：餅乾公司應該知道它生產多少包；超級市場和雜貨店應該知道它們賣了多少包；家庭的消費者應該知道無花果軟餅有多好吃。但國家統計局無法問每個家庭上週買了多少無花果軟餅和馬桶吸盤。「噢，既然我們聊到，你還買了哪些別的東西？」國家統計局仰賴的是樣本調查，其中一項重要的調查是生活成本與食物調查。國家統計局派出的訪問員進行面對面的訪談，然後留下一本日記，讓家庭裡包括兒童的每個人記錄一週或更久的支出。每年英國約六千五百萬人口中有約五千個人填寫這種表格。

企業的樣本調查還更密集。國家統計局每個月寄出四萬五千份調查給所有類別的英國公司。正如顧志耐的做法，統計人員按產業和次級產業對企業做分類，以便一個產業的資訊可以放大成整體情況的代表。聯合國編製的國際標準產業分類（第四次修訂）可提供參考，如果你是書呆子，那是很有趣的讀物。這本超過二百九十頁的指南包含每一種想像得到的行業，隨便舉兩個例子，從「釣魚遊船」公司到「行李箱、手提包等同類產品、鞍具和馬具製造商」。每個類別再細分成數十個項目。然後把調查結果放大以代表整個產業。你可以把它想成出口民調。不是每個離開投票所的人都被詢問他們怎麼投票，但數量夠多的樣本被蒐集起來，可以相當準確地代表整個情況。

國家統計局也嘗試從統計人員所稱的「行政資料」蒐集更多資訊。這是政府為非統計目的而在日常管理國家的過程中蒐集的資訊，例子包括駕駛執照、出生或死亡登記、海關清關、繳稅紀錄等。這些資料提供統計人員豐富的選項，因為它們通常涵蓋整個人口，包含了真實資料而非從調查推演的估計。對預算短缺的統計局來說，行政資料還有另一個優點：它們已經蒐集完成，而且可免費使用。國家統計局在二〇一五年宣布，將直接利用英國稅務海關總署的加值稅申報資料。它估計，利用這項資料將可在未來讓它寄出的調查數量減少一半。

一旦資料開始寄回，統計的工作就可展開。不同的數字分別進入前面談到的三種公式。然後，所有三項估計必須利用一個「供應與使用表」來加以調和，這個表實際上是一組可以比較不同結果的矩陣。

最後，數字必須經過季節性和通貨膨脹的調整。如果人們總是在一年的特定時候購買許多汽車，那麼報告一個月的汽車銷售大幅增加並沒有多大意義，必須根據季節因素調整數字才能凸顯意義，否則可能在一月分出現這樣的標題：耶誕樹銷售大跌，經濟觸礁。

通貨膨脹較難計算，但也更重要。成長通常要調整通貨膨脹因素。如果經濟擴張一五%而其中一四%卻是物價上漲造成的，這可能引起誤解。人們對成長的「實質」比率較感興趣。統計人員會比較生產量（而非生產值），或者應用一個可以去除通貨膨脹效應的平減指數。[19]現在我們只須等待阿勃拉姆斯基和德魯完成所有毒品和娼妓的計算，然後，變！你的ＧＤＰ就出爐了。

第三章

好的、壞的和看不見的

不是所有的成長都是好的，而且顯然沒有成長也不盡然是壞事。光靠浪費錢就可以創造一個更大的經濟：看看美國的醫療就知道。

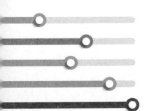

THE GROWTH DELUSION

WHY ECONOMISTS ARE
GETTING IT WRONG AND WHAT WE CAN DO ABOUT IT

二〇一二年夏季，住在康乃狄克州斯坦福市附近的六十四歲前銷售助理珍妮斯感覺胸口作痛。[1]她被救護車送進四哩遠的醫院，進行三小時的檢查，並與一名醫師有一段短暫的互動。最後她被告知只是消化不良，並被送回家。這是好的部分，壞的部分是帳單：救護車九百九十五美元、醫師看診三千美元和醫院費用一萬七千美元。[2]心口灼熱從來沒有這麼昂貴過。

是什麼東西這麼貴？醫院的收費清單中包括三次「心肌旋轉蛋白」（troponin I）檢查，每次收費一九九．五〇美元。心肌旋轉蛋白檢查測量血液中與心臟病發作有關的特定蛋白質水準。醫院使用一套似乎與成本——或現實世界——毫無關係的「收費大師」（chargemaster）價格表系統。當醫院管理人員被問到收費大師時，他們變得神色緊張並改變話題。

如果美國政府的醫療保險計畫聯邦醫保（Medicare）涵蓋心肌旋轉蛋白檢驗，政府將支付醫院每次一三．九四美元，而不是珍妮斯被收取的一九九．五〇美元。珍妮斯因為沒有工作所以沒有保險，她也沒有聯邦醫保的保障，因為六十五歲起才會有醫保。珍妮斯因為全血細胞計數檢查而被收費一五七．六一美元。聯邦醫保會為這項檢查補償醫院一一．〇二美元。其他高額的收費包括一顆尋常的乙醯胺酚藥片——泰諾止痛片（Tylenol）的學名藥——價格被膨脹一百倍。根據斯坦福醫院的申報，它在十二個月期間對像珍妮斯這類檢驗的總支出為二千七百五十萬美元，而它的總收費為二億九千三百二十萬美元，對名義上是非營利組織的一家機構來說，確實是很有賺頭。

每年美國花費約一七%GDP的醫療支出，[3]比率是大多數先進國家的近兩倍。英國的醫療支出占GDP的九%，日本為一〇．二%，擁有世界級醫療體系的法國則占一一．五%。新加坡也有極佳的醫療服務，支出只占四．九%，不到美國的三分之一。美國人每週的醫療支出超過五百五十億美元，接近珊迪颶風侵襲後的清理成本。

你可能以為花這麼多錢應該得到很令人滿意的結果，但是你錯了。美國的醫療成果在大多數已開發國家中並沒有特別好，比起一些國家更是遠遠落後。美國的預期壽命排名在全世界只排在第三十一名，還不如哥斯大黎加的三十名。[4]美國男性和女性的平均預期壽命為七十九．三歲，相較之下排名第一的日本為八十三．七歲。換句話說，日本人花一半的醫療費用卻能多活四年。

美國可能進一步落後。根據《刺胳針》（*Lancet*）近日公布的調查，到二〇三〇年，南韓女性的預期壽命很可能達到近九十一歲，主要歸功於全民醫療保險、良好的兒童營養，和快速採用新醫療技術。對照之下，研究發現美國到二〇三〇年預期壽命將在富裕國家中敬陪末座。[5]在衡量一歲以下嬰兒早夭的嬰兒死亡率上，美國的表現也乏善可陳，在二〇一五年的世界排名為第五十七名，以每千名出生的嬰兒死亡五．七二人，落在波士尼亞與赫塞哥維納（Bosnia and Herzegovina）之後。排名第一的摩納哥，每千名嬰兒的死亡人數為一．八二人。

美國醫療系統的擁護者為這些數字辯護，說這些原始資料未考慮各國的飲食、種族、不平等程度和像是藥物濫用等社會問題。它們也未考量美國有很高的暴力死亡水準，特別是使用槍枝造成的死亡。這些人說，嬰兒死亡率可能無法比較，因為它們在不同國家衡量的標準不一致。這些反對意見有些言之成理，但美國醫療業的遊說意謂我們對這些說法就只能姑且聽聽。[6]

你一定是收到金額可觀的大藥廠支票，才會說美國人從醫療支出獲得對等的價值。那麼，膨脹成本的原因究竟是什麼？醫療業強大的遊說機器，確保華盛頓制定的法律不會忘記醫療供應商的利益，[7]因此病患有時候被擺在次要的地位。長期研究美國醫療業的布瑞爾（Steven Brill）指出，藥品和醫療產品業以及代表醫師、醫院、療養院和保險公司的團體，在一九九八至二〇一二年間花費五十三億六千萬美元在遊說上。相較之下，國防和航太業在同一期間的遊說支出為十五億三千萬美元，石油和天然氣業者則花費十三億美元。換句話說，「醫療業綜合體花在華盛頓的支出是軍事業綜合體的三倍多」。[8]

獲利動機是一個鼓勵業者膨脹成本和過度檢查、過度處方和過度管理的重要因素。在美國各地，醫院是獲利最高的企業之一，僱用的管理人員薪資往往高達數百萬美元。

擔心法律訴訟也推高成本。在每一個高薪的醫師背後都有一個薪資更高的律師。在珍妮斯的例子，給病患安全的檢查比提供病患最好的醫療重要，原因是保護醫院免於可能的訴訟。

超高的醫療支出如果沒有改善醫療，那麼它們帶來的是什麼？答案當然是經濟活動，而且是很多經濟活動。所有這些獲利、保險鑑定、醫療過失訴訟，和不必要的電腦斷層掃描，都對美國的經濟成長帶來貢獻。但這是一種奇怪的貢獻。價格愈膨脹，醫療對國家經濟的有利影響似乎就愈大。

如果你用不同的計算方式——例如以顧志耐可能提議的方式——你可能把這些龐大的支出視為負數而非正數。你甚至可能從經濟總值減去它，和也被視為負數的「國防支出」一樣。但目前的計算方法並非如此。以目前的方法看，要提高美國的成長只須把醫療成本膨脹為兩倍。你可以稱這種促進成長的政策提案為「四萬二千美元的心口灼熱」。

計算私人醫療供應商的營收和獲利還算容易，但計算政府對經濟的貢獻可就難得多。雖然凱因斯很希望政府支出出現在國民所得帳，但通常大多數政府支出未被計入。

這個影響可不小。即使是在最市場導向的經濟體，政府也提供各式各樣的服務，且往往不收費。因為不收費，所以很難訂它們的價格，或計算它們對經濟的貢獻有多少。例如，一家私人學校的獲利會算進國民所得。美國的醫院可以賺進大把鈔票，擴增經濟的規模。但政府服務——從計算的觀點看——卻看不太出來。根據各國的情況，國家可能經營火車運輸、收垃圾、修建道路、提供消防救護服務，以及投資在科學研究。大多數國家提供免費就學直到法定年齡，有些國家甚至提供免費或高額補貼的大學教育。許多國家提供免費醫療。

國民帳會計師一直沒有解決如何衡量政府服務價值的問題。要正確計算免費提供的東西價值多少幾乎不可能。為什麼？以公立學校為例，你只能計算投入的價值：教師的薪資、建築的租金、電力等項目的成本。由於沒有人花費買其產出——教育——所以無法計算附加價值。類似的，你無法計算國家醫療系統所有膨脹的獲利。所以，我們只是計算投入：醫師和護士的薪資、藥品的批發價格等。我們無法看到一次成功的疝氣手術，或有點心口灼熱的女人被送回家。

若要提高英國國家健康服務局——提供免費醫療給病患——對經濟的貢獻，你必須提高所有這些投入的成本。你得為醫師和護士加薪，支付更多錢給藥品公司，也許還要花更多錢在訴訟和遊說活動上。換言之，提高公共醫療系統的經濟貢獻——按照主流的衡量方法——唯一的辦法是降低它的效率。

換句話說，不是所有的成長都是好的，而且顯然沒有成長也不盡然是壞事。光靠浪費錢就可以創造一個更大的經濟：看看美國的醫療就知道。反之，你可以大幅改善國家免費提供的醫療服務而絲毫未增加經濟成長。因此，從另一個角度看，國家的公共部門愈大，就愈低估真正的經濟大小。我們計算國民所得的方法偏重私人部門而輕忽公共部門。

在英國，布萊爾政府嘗試藉由直接衡量公共服務的效率來解決這個問題。布萊爾在二〇〇一年指派前教師邁克爾・巴柏（Michael Barber）擔任所謂的功效處處長。巴柏在懷疑的新聞記者前展示一套眼花撩亂的目標和各色圖表。他說，他將設定公共服務的標準，並追究失職的公務員。新聞界譏諷他花稍的新方法為「功效學」（deliverology）。巴柏採納這個詞，堅持照他的計畫做。

功效處嘗試擬訂可行的替代方法，以解決傳統衡量成長方法的不足。它先承認政府無法有效衡量公共服務，只知花更多錢在醫院和學校上而無法衡量其功效，這可能導致浪費大量公帑。功效處希望制訂可衡量功效的方法，不管是成功的髖關節置換手術、在政府辦公室等候時間縮短、火車延誤減少，或十八歲的學生考試成績改善都可能納為標準。例如，你可以設定一個目標，要求九〇％的火車抵達延誤時間不超過十分鐘。然後你追蹤成效並採取行動——如果目標沒有達成，就開除管理人員或投資新技術。巴柏後來把這套概念出口到遙遠的國家，像是馬來西亞、印尼和衣索比亞。

功效處的評價好壞參半。要欺騙系統通常很容易，甚至巴柏也承認，醫院利用不讓病患進門的簡單伎倆來縮短候診時間（等到病患進醫院後才視為開始等候看診）。雖然用意良善，系統卻製造出扭曲的誘因。醫院可以藉由只治療簡單的病例和規避困難的病例，來達成對心臟病患的目標要求。學校停止接受天資較差的孩童入學。你可以讓統計數字變好，卻未必改善服務的品質。

儘管如此，國民帳會計的急迫任務之一是改善公共服務的衡量，以便更能反映它們真正的價值。公共服務的價值往往超過投入的金錢，超過我們的經濟指標所顯示的價值。而且，它們當然不是真的免費。我們透過繳稅來支付它們，這也是正確衡量它們很重要的原因。

二〇一二年安倍晉三出任日本首相後，推出一套大刀闊斧的恢復經濟成長計畫。[9]他的策略有幾個元素，包括厲行一套升高通貨膨脹的大膽貨幣政策。其中一個點子很簡單，他準備鼓勵日本女性進入職場。這套計畫甚至有一個響亮的名詞：女性經濟學

（Womenomics）。[10]

日本戰後經濟的建立主要靠男性員工，即所謂的「受薪族」。典型的安排是男性從中學或大學畢業後就進入一家公司，他的整個職涯都在同一家公司，薪資逐年調升，一直到退休。女性的成功人生道路是嫁給這些男性之一，她將照顧家庭，包括掌管家庭財務、撫養小孩，並在她自己的父母和丈夫的父母年老時協助照顧他們。當小孩上中學或大學時，她可能回到職場，但多半只是兼職性質。稅制鼓勵這種模式，因為稅法實際上懲罰工時太長的已婚女性。

當然也有例外，許多女性打破這個模式。而且，安倍上任後日本的終身僱用制早已瓦解。儘管如此，大家都知道，日本女性可以貢獻更多給經濟。安倍推出他的計畫時，四九%的工作年齡女性已有工作。相較之下，美國和英國的比率為五六%，瑞典為六〇%。

嘗試轉移人力到受薪的工作——或吸引移民型的新勞工——很明顯的是提振經濟規模的方法。事實上，只有兩種方法可以製造我們現在衡量的經濟成長。第一個是增加人力。第二個是藉由讓這些人的工作更有效率來提高生產力，通常透過投資資本來達成。例如，一家工廠利用相同的勞動力不只生產一千輛汽車，而是生產二千輛，甚至更理想的是，只要半數的工人和各種輔助的機器人。

增加人力在許多方面來說比提高生產力容易，你只要把沒有在賺錢的人放到受薪的工作，不管他們生產什麼都對國家經濟有貢獻。此處沒有明說的假設是，不管這些人以前做什麼，從經濟的觀點看都是沒有價值的。他們可能是社區的棟梁，或不領薪水的表演藝術家，或辛勤持家的媽媽。但只有受薪的工作才算對經濟有價值。

如果一個日本家庭主婦為年老的公公煮飯，幫助他上下床、上廁所、洗他的衣服和被單，她的努力都不算在經濟裡。不過，如果她在養老院照顧別人的公公，賺取工資，這些完全相同的活動卻對國民所得有貢獻。同樣的，如果我為別人的房子油漆並收費，我便增添了經濟；但如果我自願為鄰居的客廳免費油漆，我的工作在統計上是看不見的。在安倍上台後，日本進入勞動力的女性創下歷史紀錄，雖然這可能與家庭財務拮据較有關，而非對他的計畫的直接反應。許多加入勞動力的女性接受低薪的兼職工作。在日本，女性從事的所有支薪工作有半數屬於這個類別。儘管如此，日本女性勞工所占比率在長期落後之後，現在已比美國高；在美國，不管男性或女性，現在有愈來愈多人完全退出勞動市場。[11]

很少人懷疑日本的兩性關係及其勞動市場需要改革。更多女性進入職場對日本只有好處，特別是如果她們爬上管理階層，開始影響企業的經營方式——目前這種改變還不明顯。日本企業需要一點女性的創造力和更多創意的挹注。但日本大部分的「經濟成長」來自只是鼓勵女性放棄她們在家裡有價值的未支薪工作，轉向職場受薪——且可課稅——的工作。其結果是，經濟成長雖然略微加快，但實際上多做了多少事很值得懷疑。

和政府對經濟的貢獻一樣，家事和志願工作很難計算。由於「家庭生產」如鋪床、煮晚餐、清掃榻榻米墊的工作沒有定價，所以很難衡量這些活動的價值，甚至如何界定其範圍也不清楚。我們是否應該把挖自己鼻孔也算進去，因為這種活動也帶來不少益處？[12]

計算家庭雜務和志願工作的支持者說，這些活動總是被忽略，因為它們主要由女性執行。這是它們的價值被低估、甚至更正確地說不被納入計算的原因。一位作家[13]列出一些不計算在經濟的活動，例如生小孩、撫養子女、照顧花園、為她的兄弟姊妹煮飯、幫家裡的母牛擠奶、為親戚縫製衣服，或照顧斯密以便他寫《國富論》。根據我們定義的經濟，即使是讓經濟學家斯密有空閒寫他舉世聞名著作的女人所做的家事，也對經濟毫無貢獻。斯密以他提出的「看不見的手」聞名，它描述市場力量和價格訊號應該能讓經濟體順暢運作而無需中央計畫。他沒有寫到看不見的女性。[14]

在強納森・法蘭岑（Jonathan Franzen）的小說《修正》（*The Corrections*）中，伊妮德的丈夫艾爾氣她沒有清理樓梯上的雜誌和瓶罐。

但她的感覺是，她被要求在他外出時要做的可不只是「一件事」。他也要求她一天幫兒子們做三餐，幫他們穿衣服，念故事書給他們聽，生病時照顧他們，還有洗刷廚房地板、洗被單和燙他的襯衫，做這一切而不奢求丈夫給她一個吻或溫柔的話語。不過，如果她嘗試為自己的功勞辯解，艾爾就會問她，支付這個房子、食物和衣服的是誰的功勞？[15]

伊妮德確實可能為孩子做了一些艾爾從來不認為值得與支薪工作相提並論的事：她親餵孩子喝母乳。營養學家幾乎一致建議母親在嬰兒出生頭六個月以母乳哺育。[16]母親分泌的初乳因為含有抗體，可以讓嬰兒死亡率降低超過二〇%。世界各地的女性可以突然全部決定在孩子出生頭六個月哺育母乳，並對下一代帶來難以估計的利益，但這對成長不會有絲毫影響。事實上，經濟活動可能減少，因為花錢買的嬰兒配方奶粉銷售可能減少。這是一個錯誤會計的典型例子：我們計算的價值與實際上有益的東西相反。支持政府以政策鼓勵母乳餵養的人，被嬰兒配方奶粉公司的遊說者打敗，因為後者可以舉出他們的產業對經濟的貢獻。

澳洲學者茱莉・史密斯（Julie P. Smith）嘗試估計母乳哺育對澳洲、挪威和美國經濟的隱藏貢獻。[17]她根據母乳銀行估算歐洲市場的母乳價格為每公升一百美元，然後以這些國家的媽媽平均每日製造的母乳數量和哺餵嬰兒的平均時間，算出澳洲的媽媽製造四千二百萬公升母乳，市場價格達四十二億美元。挪威媽媽生產了價值十一億美元的母乳，美國媽媽則生產五百三十億美元。她也計算出她所稱的「損失的母乳」，即如果媽媽依照建議餵母乳六個月原本可以製造的母乳，這些母乳原本可以讓三個國家的母乳生產價值分別增加八十九億美元、十八億美元和一千二百七十億美元。

不計算「女人的工作」讓人們小看它的重要性。在母乳的例子中，我們對只有女性可以創造的一種寶貴健康食物的定價卻是零。危險的是，如果我們不衡量某種東西的價值，它就不受重視。以看不見——甚至潛意識——的方式，政策制訂者和立法者往往偏袒他們看得到和能計算的事物。他們支持產業，例如嬰兒配方奶粉業，因為它僱用員工、繳稅並對經濟有貢獻。看不見和無法計算的幾乎注定會被忽視。

如果我們可以為母乳訂價，那麼所有家事應該也能以新的定義方式而納入構成經濟的成分。畢竟，國民所得已包括一個其中沒有金錢交易的項目：一種稱作「設算租金」（imputed rent）的東西。如果我住在租來的公寓，那麼我支付的月租金就是經濟的一部分，被視為我的支出和房東的收入。但如果我住在自己的房子或公寓呢？我不付租金，雖然我仍住在一棟房子裡。從經濟的觀點看——除非我們做調整——我的房子是看不見的。

這是一個問題。想像比較一個大多數人租屋的國家，和一個大多數人擁有自己房子的國家。擁有房子的國家看起來會比租屋的國家窮，因為擁有者的房子實際上是看不見的。為了矯正這種異常，統計人員利用所謂的補值法，根據假設房屋擁有者住在租來的類似房屋，例如隔壁的房屋，將必須支付多少錢來估算。設算租金出現在國民所得帳，就像它真的有支付行為——雖然實際上沒有發生交易和金錢的換手。透過這種會計手法，假設我們沒有自己的房子而必須支付的租金也被算成經濟的一部分。（記住，我們深信不疑的稱為經濟的東西，基本上是我們想像出來的東西。）

家事可不可能也這樣計算在經濟中？答案是可能。事實上，許多國家的國家統計機構現在也經常設算家事的經濟貢獻。不過，設算的結果並未被納入正式的統計，因為那還是有點太自由派的想法。它們還被放在偶爾被引用的「衛星帳」中，繞著經濟太陽系的中心體——地球GDP——運轉。

為美國經濟計算規模將近二十年的前經濟分析局（BEA）局長史蒂夫．藍德菲爾德（Steve Landefeld），是熱心於計算家事經濟貢獻的人之一。他從二〇〇〇年起深入研究這個主題，曾提出一篇以經濟學家喜愛的語言作為標題的論文：「在國民帳架構中計算非市場家庭生產」。[18]但國會的支持度太低，特別是牽涉到把它變為正規做法必須做各種花錢的調查。藍德菲爾德表示，對國會來說，「統計就是比不上像街頭巡警這些東西，統計在優先要務清單的排名順序低到大概是墊底」。

二〇一二年，美國的研究人員發表一篇以藍德菲爾德的研究為基礎的論文，[19]主要的發現是如果煮飯、清掃、洗衣、開車等活動被計算在內，美國經濟的總規模將增加約三兆八千億美元，使它擴增二六%。該論文利用所謂的時間使用資料（time use data），基本上就是記錄一天二十四小時期間進行的活動。在排除幾項活動後——例如睡覺（我個人倒很樂見它被計入生產性經濟活動）——研究人員總結出從整理花園到照顧小孩等七項主要活動。加總時數和訂出薪資後，統計人員算出一般家務操持者的每小時薪資。

藉由回溯到一九六五年的類似調查，研究人員發現家事的數量逐年減少。他們估計，在一九六五年，家庭生產約占經濟的三九%，遠高於今日的比率。家事減少的原因主要是生活方式改變，因為更多女性擔任支薪工作、家庭外食增多、編織較少毛衣，和對清理藏在沙發下的洋芋片較馬虎。

英國國家統計局從二〇〇二年首度公布家庭活動的衛星帳後，也持續進行類似的調查。[20]英國使用的方法與美國統計人員不同，不是計算活動時數和設定標準薪資，而是嘗試訂出家庭「產出」的金錢價值，例如準備三餐和照顧小孩的價值。研究發現家庭能輕易說出他們多常使用洗衣機，準備餐食的種類和數量等。還沒解決的問題是品質。一個家庭煮夫可能熱一鍋罐裝義大利麵，也可能看食譜準備一頓藍帶料理晚餐。除非你調整品質，兩種做法計算的價值會完全相同。

該論文把家庭工作分成六個類別：住屋，包括自助修繕；提供交通（所有接送上芭蕾舞課的車程）；營養（那些沒有熱透的義大利麵）；洗衣服務；小孩照顧；家中老人或失能者的照顧，以及志工活動。和傳統國民帳一樣，各類活動的中介消費都被去除。如果媽媽給小孩一顆她在超級市場已經付過錢的蘋果，它就不應重複計算。如果爸爸為女兒織一件毛衣，羊毛的成本必須減去，以便只計算他勞力的附加價值，以此類推。然後訂出一個代表價格。例如，搭巴士到學校的成本相對於搭媽媽的車。每個階段都以一個假設堆在另一個假設之上，根據所做的工作數量和品質來估算同等的市值價格。

在為二〇〇〇年做完這些複雜的計算後，英國統計人員發現未支薪的家庭工作總值為八千七百七十億英鎊，占那一年所有經濟活動約四五%。[21] 其中小孩照顧的價值貢獻了二千二百一十億英鎊，營養價值一千六百四十億英鎊（也許是藍帶料理比罐裝義大利麵多），交通一千五百六十億英鎊，洗衣占四百六十億英鎊。志工活動只有一百三十億英鎊，這讓我感覺要不是被低估，就表示英國人對洗衣服和燙襯衫的興趣大過幫助他們的鄰居。許多國家也做過類似的調查，包括澳洲、芬蘭、匈牙利、德國、墨西哥和尼泊爾。芬蘭是典型的例子，它的未支薪家庭工作占總經濟活動約四〇%。[22]

美國二〇一二年的研究有一個有趣的發現是，計算家庭生產可以降低不平等的水準。其原因是貧民和富人一樣鋪自己的床鋪（除非富人僱傭人做這件事）。百萬富翁鋪自己的床或燙自己襯衫的設算金錢價值，與貧民做相同工作的價值相差不多。一個貧窮家庭增加一點家庭生產「收入」造成的影響程度，大過富裕家庭增加相同收入的影響。[23]

因此，我們正式把家庭工作算進經濟裡愈多，我們的社會看起來就比較平等些。這是一個反直覺的結果。嘗試把家庭工作當作經濟活動來計算，通常會被視為進步的觀念，其目的是凸顯女性所做大量看不見的工作。但這麼做似乎刻意沖淡在許多社會中製造強烈憤怒的不平等。玩弄經濟統計數字向來就不是一件容易的事。

第四章

過猶不及[1]

「我們都知道成長是好事。成長是以 GDP 來衡量。所以當 GDP 增加時一定是好事。放任銀行去自由發展是增進 GDP 的方法。因此，放任銀行一定是好事。」

THE GROWTH DELUSION

WHY ECONOMISTS ARE
GETTING IT WRONG AND WHAT WE CAN DO ABOUT IT

從光鮮亮麗的雷克雅維克機場到冰島首都的道路，穿過一片黑色熔岩的景觀，前一次噴發留下的嶙峋熔岩，布滿一哩又一哩的開闊曠野。冷冽的風從大西洋吹來，散布的岩石沐浴在美麗而陰鬱的光中。雷克雅維克是個帶著神祕氛圍的城市，居住了冰島三十三萬四千人口的約半數，它的房屋看起來像建築雜誌評選優勝的滑雪小屋。冰島人的穿著很時尚。富裕、閒適而優雅的雷克雅維克是那種咖啡館應烘烤蜜棗羽衣甘藍三明治（當然是露餡單片黑麥麵包）和播放軟調衣索比亞爵士樂的地方。[2]

儘管如此，經過八年的金融危機後，現代最戲劇性的銀行業倒閉事件之一留下的傷痕仍然清晰可辨，有如火山爆發後到處可見的熔岩。二〇一六年十月我抵達這裡的六個月前，冰島總理甘勞格森（Sigmundur David Gunnlaugsson）因為被揭露他和妻子擁有的一家海外投資信託公司持有冰島倒閉的銀行數百萬美元債權而辭職。這是銀行危機後陸續被揭發的眾多醜聞之一，為海盜黨的興起提供了助力，使這個源自線上倡議運動的政黨變成威脅冰島愜意政壇的一股勢力。海盜黨是二〇〇八年金融崩盤後席捲歐洲的激進運動——不分左派和右派——的冰島版，它的標幟是一面黑色的海盜旗。

甘勞格森辭職後的國會選舉幾天後就要舉行，有十二個政黨爭奪冰島創立於西元九三〇年的古老國會的掌控權。民眾認為遭到國家菁英階層的背叛，因而展現出明顯的憤怒。

六十二歲的努特森（Sigmunder Knutsson）是個喜怒形於色的人，自稱是詩人兼經濟學家。許多冰島人認為自己擁有兩種天賦，而且有不少人如此認為，包括海盜黨黨魁瓊斯多帝爾（Birgitta Jonsdottir），自認是詩人。但現在較少人承認自己是經濟學家。

努特森告訴一名《紐約時報》的記者：「想到冰島的政治，就讓我想吐。」他在一家有老舊餐桌和光禿牆壁的小咖啡館，大塊朵頤一盤當地著名的小菜——發酵鯊魚肉。「一切都肇因於一小群菁英的貪腐。他們在暗中搞鬼，搞得烏煙瘴氣。」[3]

三十二歲的前銀行家雅南（Arnan）留著及肩的金髮，他駐足於哈爾格林姆教堂（Hallgrimskirkja，一座現代建築的天主教堂，看起來像即將發射升空的太空船）前發表大同小異的看法。他說，冰島傳統上是一個農業國家，經濟由擁有大片土地的家族掌控，這些家族利用他們的財富和影響力，取得冰島豐富的捕魚配額壟斷權。他說，在晚近的歷史重演中，同一批菁英掌控了在二十一世紀頭幾年飛快擴張的銀行業。

冰島銀行業的故事凸顯了本書的主要訊息之一：不是所有經濟成長都是好事。快速成長可能帶來許多結果，其中有些滋味並不甜美。在一九九〇年代，冰島在位最久的總理奧德森（David Oddsson）推行一套柴契爾主義的放寬管制政策，把冰島從昏睡的漁業國家轉變成激進的「維京資本主義」國家先驅。[4]銀行業在二〇〇二年私有化後，三家銀行格里特利爾（Glitnir）、克伊普辛（Kaupthing）和冰島國民銀行（Landsbanki）藉由向現金豐沛的其他銀行借入低廉的資金，展開瘋狂的擴張。它們借錢給朋友和相互借貸，引燃一波支出熱潮，並收購遍及歐洲各地的資產，從英國的足球隊到丹麥的航空公司無所不包。冰島籍教授歐拉夫森（Stefan Olafsson）形容，那「可能是人類史上銀行體系最快速擴張的例子」。

冰島從一個國家變成一位作家描述的巨大避險基金。[5]冰島野心勃勃的企業大亨照單全收他們從美國企業學派學來的經濟哲學，並與過去冷靜自持的冰島民眾參與一場集體的逐利狂熱。大多數冰島人很快就發現以低利借貸外國貨幣的伎倆，並把錢投入本地股市，使股票市值從二〇〇三至二〇〇七年飆升九倍。他們也投資在本地的房地產，使房價節節攀漲，讓他們更加篤信自己確實是投資天才。消費有如脫韁野馬，租直升機飛到冰島各地野餐蔚為流行。一位特別奢侈的冰島人花一百萬美元，請艾爾頓・強（Elton John）為他的生日唱兩首歌。我算了一下，那是一首歌五十萬美元。[6]

一般神智清醒的市民做的事，銀行業更以打類固醇的方式為之。銀行的業務是創造信用，而冰島的銀行做起來格外賣力。在狂熱的最高潮時，三家主要銀行的資產價值十四兆四千億克朗，達到驚人的冰島GDP的十倍。金融書作者麥可・路易士（Michael Lewis）引述一名避險基金經理人描述冰島銀行間進行的一些交易：「你有一隻狗，我有一隻貓。我們同意各值十億美元。你以十億美元賣那隻狗給我，然後我賣你那隻貓十億美元。現在我們不再是寵物主人，而是擁有十億美元新資產的冰島銀行。」[7]

隨著銀行的活動擴張，它們對經濟活動的貢獻也明顯增加。漁業自一九八〇至二〇〇六年占冰島GDP的比率從一六%下降到六%，而金融保險和房地產則呈反方向快速攀升，到二〇〇六年為止的八年期間，從占經濟產值的一七%增加到二六%。[8]從國民帳會計的觀點看，銀行擴張是一件美妙的事，它帶來愈來愈多的成長。人均所得呈爆炸性增加，在二〇〇六年達到約四萬五千美元，使冰島變成世界第六富有的國家。最大的私有化銀行克伊普辛大肆進行收購、合併和各種交易。它創立一家網際網路銀行Kaupthing Edge，在十個歐洲國家設立分行，積極搶攻零售市場。冰島過去在全球金融業沒有輝煌的歷史，但在短短幾年間，據一位銀行家的描述，克伊普辛開始自認是「北極區的高盛（Goldman Sachs）」。[9]

然後——你可能猜到遲早會發生——可怕的錯誤接踵而至。我是說真正的可怕。當雷曼兄弟二〇〇八年九月倒閉時，整個全球金融系統的信任在一夕間瓦解。銀行之間停止借錢給彼此，因為不確定交易對手是否能信守合約，或它們的資產負債表是否充滿有毒資產。對槓桿比率已經達到最高點的冰島銀行來說，那是窮途末路的時候。

在十天內，規模第三大的格里特利爾銀行要求政府紓困。隨著克朗劇貶和新聞傳出金融系統已經破產，冰島人開始大舉從銀行提領現金，許多人因為克朗貶值而積欠龐大的外幣債務。短短幾週內，所有銀行被國家接管。在英國，有三十萬人和一些地方政府機構把錢放在冰島銀行，首相布朗（Gordon Brown）援引反恐怖主義法律，嘗試收回這些損失的存款。當時的冰島總理哈爾德（Geir Haarde）未加掩飾地說：「冰島經濟可能隨著銀行一起被捲入大浪，國家跟著破產，這種危險是很真切的。」[10]

到十月底，幾個月前還陶醉在成功中的冰島，不得不卑屈地向國際貨幣基金（IMF）請求紓困。股票市場下跌了八五％，冒進的銀行業造成了一千億美元市值蒸發，讓所有不分男女老少的冰島人平均損失三十三萬美元。

我散步到冰島國會旁邊一棟比例對稱、看起來像現代藝術館的建築和阿曼森（Birgir Armannsson）見面。穿著整齊淡灰西裝的阿曼森是中間偏右獨立黨的資深黨員，而獨立黨則是帶領冰島像旅鼠般躍出金融懸崖的執政聯盟政黨之一。他在一九九〇年代還是個年輕律師時就注意到對金融的態度改變。他說：「冰島企業家變得愈來愈富裕，開始與冰島人和冰島的社區脫節。」情況在二〇〇〇年代益發嚴重。「他們變成國際億萬富豪，不再只是有錢的地方生意人。他們開始買私人飛機和遊艇，這些都是以前在冰島看不到的。以前可能擁有兩輛車就不錯了。」

阿曼森親眼目睹這個過程。「冰島銀行從世界各國取得低廉的貸款，大量放貸給地方公司。股市飆漲，沒有人想過有朝一日會反轉。」我問他，有沒有警告的跡象？生活水準突然提高和帳面獲利大幅膨脹，不會讓人感到好得很不真實嗎？他說：「一直到進入二〇〇八年，前景都很樂觀，國會議員都這麼認為，包括我本人。但回想起來，我們應該及早對發生的問題做反應。危機發生後我們也開始發現，冰島的銀行家操縱市場，而且經常進行內線交易。有許多只是泡沫。」

我問他是否認為主流的會計方法高估了銀行對經濟的貢獻。他說：「這要比我更專業的人來判斷。這是個複雜的問題。」但他又以有點自我安慰的口吻說：「我想再發生同樣危機的可能性不高。也許下一次金融危機會略微不同。」

讓我們先釐清一點，二〇〇八年銀行危機的效應到十年之後的今天仍然餘波未止，但它的罪過並不是我們國民帳計算金融服務的方式。危機的根源在於毫無節制的放寬管制、對市場自我矯正的盲目信心，和一種錯亂的「股東價值」意識形態，縱容唯我獨尊的銀行家劫掠他們自己的金融機構，同時還自覺得意洋洋。還有許多其他原因，從大幅（且不必要地）升高金融工具的複雜性，到債信評級機構與付錢僱用它們的客戶間既存的貪腐關係。氾濫成風的證券化是另一個定時炸彈，這種切割不同收益工具並包裹成可交易資產的做法，切斷了債權人和債務人間的連結。一旦形成風潮，投資人對這種紙上交易——當然全都是三個A評級——趨之若鶩，渾然不知實際交易的根本資產是什麼。我們現在已經知道，這些證券化的金融資產，大部分是沒有償債能力的人向銀行借款的房屋抵押貸款債務。

但銀行危機與國民帳會計有兩個重要的關聯，第一是心理層面，你可以稱作「循環論證」的危險，例如：「我們都知道成長是好事。成長是以GDP來衡量。所以當GDP增加時一定是好事。放任銀行去自由發展是增進GDP的方法。因此，放任銀行一定是好事。」

這種錯誤導致許多野心過大的政府，包括冰島政府，模仿盎格魯撒克遜模式，採用自由化、去法規化和私有化等政策。幾乎只要末尾有「化」的政策就是好政策。銀行被允許盡情擴張「創造財富」的業務——實際上大部分只是銀行之間進行紙上交易，大肆放款和發給自己巨額的紅利。在國際間鼓吹這些政策的是美國和英國，雷根和柴契爾早已在這兩個國家推動解除管制的政策，在這兩個國家，華爾街和倫敦城的勢力極其龐大。明顯可見的不只是銀行家賺進大把鈔票——看他們開的汽車就明白——而且是他們投入無數金錢在遊說政府讓他們更能通行無阻。

銀行業變成美國和英國經濟體愈來愈大的部分，金融對國民所得的「貢獻」巨幅成長。在一九五〇年代，銀行只是銀行，而非「大吸血烏賊」，它們占美國經濟約二%。[11]到二〇〇八年，這個比率擴增了四倍。[12]英國的情況也類似，在一九七八年，金融中介占所有經濟利潤約一．五%，但這個比率到二〇〇八年已上升到約一五%。

放寬金融管制帶來成功創造經濟動力的感覺，鼓勵其他國家也依樣畫葫蘆。紐西蘭、澳洲、愛爾蘭、西班牙、俄羅斯，甚至小小的冰島都受到盎格魯撒克遜模式的誘惑。金融業在全世界呈現爆炸性的成長，在二〇〇八年四月截止的一年，全球一千大銀行的總稅前獲利達到近八千億美元。[13]採用這些政策的國家給予「創造財富」的銀行愈來愈大的自由，而且經濟一片榮景，其他國家似乎遠遠落後。我們思考經濟成長的方式似乎告訴我們一件事：銀行愈大愈好。

隨著自由放任的銀行業能帶來經濟繁榮的想法深入人心，政府也竭盡所能協助金融業成長。這主要意謂別擋人財路。從一九八〇年代中期，各國相繼解除一九二九年華爾街崩盤後實施的許多銀行業管制。在美國，投資銀行和商業銀行的區隔逐漸遭到侵蝕，直到一九九九年的葛拉斯－史帝格法案（Glass-Steagall Act）後完全被廢除。在一九八〇年代中期，倫敦的「大爆炸」（Big Bang）大舉解除管制，為龐大的金融集團鋪路。在冰島，過去仰賴穩定的零售存款戶提供資金來源的銀行，開始進軍批發市場，先是吸進並轉手來自中東的油元，接著趁著中國榮景狂吞工人和農民的剩餘儲蓄。[14]

一個今日令人嫌惡的名詞開始流行：金融化。匿名的資本市場取代了過去借款人和放款人間單純的關係。新產品如雨後春筍般冒出，充斥於這個新市場，包括複雜的衍生性金融商品、信用違約交換（CDS）和擔保債權憑證（CDO）。一般人對實際發生的情況幾乎完全不了解。我記得在二〇〇〇年代中期，聽一群高階銀行家得意地向我解說，衍生性金融商品正在藉由分散風險到世界各角落，而造就一個更安全的世界。但就像復活節彩蛋被藏在花園的許多地方，不久後每個人都忘了它們藏在何處——或彩蛋的顏色或形狀。為了讓這種金錢遊戲更驚險刺激，衍生性金融商品完全不受法規監管。

在這種絲毫未增進實質經濟活動的瘋狂帳面交易中，銀行是彼此的最大顧客。銀行的大部分資產實際上是持有其他銀行的權利。在英國，企業和個人為生產性活動而向銀行借貸只占銀行總資產約三％[15]，其他資產占九七％。此外，有一種可怕的心態鼓勵銀行業繼續玩傳遞包裹遊戲。從銀行家的觀點看，他們不會有任何損失。如果押對注，他們可以賺進超乎想像的財富——這當然是財富創造天才應得的獎賞。而如果押錯注，又有什麼大不了的壞事可能發生？

結果發生的壞事是整個金融系統近乎崩潰，並且只有靠納稅人提供數千億美元紓困才化解災難。正如不只一個人的形容：銀行業是富人的社會主義，和其餘所有人的資本主義。

在整個可憎的擴張期間，主流經濟學只傳達一個訊息：愈大愈好。銀行對經濟明顯的貢獻數十年來蠱惑了無數政治人物。當銀行泡沫爆破後，債務被從民間銀行轉移給公眾的荷包。一整個世代身陷龐大的債務，不但必須繳納更高的稅，而且喪失許多經濟機會。一篇報告估計金融危機的成本高達世界年產值的一到五倍。[16]

這帶領我們來到國民帳計算銀行活動的方法為什麼很重要的第二個原因，而這牽涉到一些技術因素。銀行系統的演進出了差錯，這個差錯是銀行的許多活動不收取費用。如果銀行借你錢，它可能收取一筆一次性的費用，但銀行大部分營收來自所謂的利差（spread），也就是它向你收取的利率和銀行取得資金所支付利率之間的差距。

為了衡量這種利差創造的經濟價值，GDP的聖經——聯合國的國民經濟會計制度（SNA）在一九九三年的修訂版中引進一種新會計概念，稱作間接衡量金融中介服務，縮寫為FISIM。先姑且不談技術細節，基本上利差愈大，創造的所謂價值就愈大。差錯就出在這裡。在銀行業，利差隨著風險升高而擴大。如果銀行家判斷你可能無法償還一筆貸款，他會提高收取的利率以反映較高的違約風險。因此，從會計的角度看，貸款的風險愈高，對成長的貢獻就愈大。換句話說，銀行家愈不負責任和貪婪，我們判斷他們對經濟成長就愈有幫助。那就像駕駛教練只根據行車最高速度來評斷你車開得好不好。

正如一篇探究英國金融危機的報導以英國人慣用的委婉語氣描述：「這可能導致一些出人意料的結果。」[17]在二〇〇八年第四季，也就是雷曼兄弟倒閉後和國際金融體系陷入癱瘓之際，從英國國民所得的角度來看卻是情勢一片大好。這篇報導說，儘管經濟即將直線下墜，「英國金融業的總名目附加價值卻空前的快速成長」。

在英國幾家大銀行快出問題時，金融體系占總經濟活動的比率卻達到歷來最高的九％。更糟的是，金融體系的一大部分被國家化後，它的「貢獻」還進一步增加，達到更高的一〇・四％，接近所有英國製造業所占的比率。[18]「雖然人們認為當時銀行業對經濟的貢獻是一九三〇年代以來最少，國民帳顯示的金融業貢獻卻是一九八〇年代中期以來最高水準。」這篇報導指出：「我們如何解釋這種矛盾？」[19]沒錯，該如何解釋？

在美國，這個故事是徹底的大災難。納稅人挹注數千億美元以紓困最大的幾家銀行業者，包括花旗集團和世界最大的保險公司美國國際集團（AIG）。美林公司（Merrill Lynch）被美國銀行（BoA）收購，華互銀行（Washinton Mutual）賣給摩根大通和雷曼兄弟——你應該還記得雷曼兄弟出了什麼事。甚至兩家最後仍然挺立的獨立投資銀行高盛和摩根士丹利，也被迫同意改組成接受更嚴格監管的銀行控股公司。在二〇〇八年十月，七千億美元納稅人的錢被注入問題資產救助計畫（TARP），雖然之前國會曾拒絕這項計畫，導致道瓊工業指數創下歷來最大跌點。隨著金融危機擴散到實質經濟，通用汽車和克萊斯勒（Chrysler）也相繼向政府求援。

這些事件發生近十年後，美國經濟仍未恢復危機前的成長率，主要原因可能是當時的大部分成長其實只是虛構出來的。

我們該如何計算銀行活動的討論，很快就引發銀行究竟有什麼功用的討論。談到這裡值得我們岔題一下。銀行滿足兩種廣泛的功能，一個是儲蓄和轉移金錢，另一個是分配風險。但在演進的過程中，這些功能被錯誤地混合在一起。

我和高盛公司前合夥人加文・戴維斯（Gavyn Davies）討論這個問題。戴維斯說，我應該把銀行想成兩個類別：衣帽間和賭場。衣帽間銀行很無趣，它們基本上是公用事業，是你存錢的地方。「人們把錢交給你，你把它放進一個櫃子，當他們回來領取這筆錢時，你還給他們。」另一個有時候被用來描述這類銀行的比喻是經濟的水管線，因為即使是無趣的銀行也能透過管線網絡轉移錢，例如我從我的帳戶支付一筆水電費，或匯錢給老家的祖母。

另一個較有趣——但可能更危險——的銀行功能是分配資金。這表示分配風險。它要求銀行在借錢給客戶時必須決定客戶的信用和潛在的獲利性。用最簡單的方式說明，例如銀行在兩家需要營運資本的工具製造公司間做選擇，並決定借錢給體質較好的工具製造公司，不借錢給較差的製造公司。社會因為較好的工具而獲益。「但是你不一定從銀行體系來衡量貢獻，」戴維斯說：「你要從那家工具製造廠的生產力和生產來衡量。」如果銀行把它的工作做好，每個人都受益。

但如果銀行的資金分配在真實的經濟中被衡量，為什麼我們必須把它分開來衡量，好像這麼做本身很有用？我們特別挑出銀行在經濟中對生產好工具和好工具協助其他企業生產的貢獻。把資金分配當作單獨的活動來衡量，帶有重複計算的味道，就像衡量麵包裡的麵粉，或衡量生產大麻的電力。會計師過去也這麼想。在一九五〇年代，金融被視為非生產活動，銀行業務對國民所得只有很小的正貢獻——甚至有負貢獻。利率流量（interest-rate flow）「被視為中介投入」，並根據它對GDP的最終附加淨值計算其貢獻。[20]只是有了FISIM後，我們才變得執迷於衡量銀行本身的貢獻。

戴維斯對這件事有略微不同的看法。「以前每當我對自己的職涯產生懷疑，想到為什麼浪費人生在銀行業時」，他說他的同事就會安慰他，銀行在經濟中扮演極其重要的角色，因為「我們做的實際上是最重要的功能，我們是在以正確的方式分配資金」。

戴維斯說，這麼想總是讓他感覺好過些。「後來發生了二〇〇八年的危機，顯然我們在之前的十年間分配資金的方式完全錯誤。」他說：「那兩種活動——正確分配資金，和錯誤分配資金——被衡量的方式完全相同。」它們都被計算在經濟成長中，這表示實際上它們根本沒有被衡量。

第五章

網際網路偷了我的 GDP

許多科技公司做的事就是消除不需要的東西，最終的結果是經濟縮小，而福祉增大。它們就像暗物質，不把 GDP 擴大，而是吸進 GDP 並讓它消失。然而它們提供的是一種人們願意付錢獲得的有價值服務。

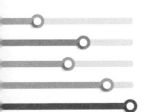

THE GROWTH DELUSION

WHY ECONOMISTS ARE
GETTING IT WRONG AND WHAT WE CAN DO ABOUT IT

那是紐約一個寒冷的雨夜，你在自己的公寓聽Spotify的當代爵士樂，突然很渴望到下加利福尼亞州度週末，以逃避冬季刺骨的寒冷，那裡是你讀過《旅遊顧問》雜誌一篇熱烈的評論後一直想去的地方。你打開筆記型電腦，開始搜尋，在skyscanner.com網站輸入甘迺迪機場和聖荷西卡玻機場，填了下週末的日期，並選擇「僅限直飛」。幾分鐘後你已輸入你的信用卡資料，訂了找到的最便宜選項。

接下來是上Airbnb尋找住宿，經過一些搜尋後你決定一間價格合理、似乎有漂亮大海景觀的海灘公寓房間。最後，你買了線上保險以防萬一。到了旅行那天，你上航空公司網站，輸入護照資料，選擇一個走道座位，報到後印出你的登機證。然後你預訂一輛Uber汽車，坐進車子後座，踏上前往機場的旅程。該休息一下了，你一直很賣力工作。

數位經濟模糊了工作、休閒和做家務的區隔，改變了我們視為生產活動和非生產活動間的界線。這讓衡量經濟的工作變得更加困難。先進經濟體數十年來愈來愈從製造業轉向服務業，但在網際網路時代，這種傾向虛擬和無法計算的趨勢更變本加厲。瑞典串流音樂服務業者Spotify的經濟總監佩吉（Will Page）說：「GDP面臨一個方木難入圓洞的兩難情況，因為它原本設計用來衡量有形的製造業產品，而製造業在現代經濟卻逐漸喪失其重要性。」❶

當我到Spotify的倫敦辦公室——一個開放、簡單、有自助飲料冰箱、遊戲房的地方

——見佩吉時，我必須自己印出我的安全識別證，夾在我的衣領上，這些事過去都有接待員為訪客服務。「從統計的角度看，破壞性科技公司的目標是降低ＧＤＰ。」在我找到躲在一條走廊的佩吉後，他告訴我：「除去被算進ＧＤＰ的交易成本，並以不算進ＧＤＰ的便利來取代，所以ＧＤＰ萎縮了，但每個人都從中獲益。許多科技公司做的事就是消除不需要的東西，最終的結果是經濟縮小，而福祉增大。」

從經濟的觀點看，他的意思是Spotify和類似的公司就像暗物質（dark matter），它們不把ＧＤＰ擴大，而是吸進ＧＤＰ並讓它消失。然而它們提供的是一種人們願意付錢獲得的有價值服務。這對我們以主流衡量方法計算的經濟是一個複雜的主題，也引發不小的爭議，因此值得我們深入探究幾個面向。

第一是有關家庭生產的問題。我們已談過洗小孩的衣服或煮斯密的晚餐不算經濟活動，但印出自己的登機證呢？或者像我自己做過的，在機場為自己的行李綁上標籤，將它送上自動旋轉的行李帶上。（不久後你會發現你得自己開飛機。）直到晚近這些活動都有支薪的機場員工為你服務，所以它們被算進經濟統計中。現在這些工作已被外包——給你。就計算經濟而言，它們消失了。

同樣的，你安排到墨西哥度過一個美妙週末，這工作在過去是由某個支薪的員工做的。從國民帳會計的角度看，它被移到生產範圍之外了。就計算經濟活動來說，印製你自己的登機證和搔自己鼻子的癢沒有差別。它達成一個目的，但不再是我們稱為經濟的一部分。

現在航空公司不需要訂位的職員，計程車公司不需要接電話和派遣車輛的員工。另一方面，和所有技術進步一樣，理想的情況是那位訂位職員和計程車派遣員將在別的地方找到更有生產性的工作。還有另一個可能的方法可以擴大經濟活動——即使是以主流衡量方法計算。由於航空公司節省了成本，它可以因獲利增加而降低機票價格或支付股東更高的股息。不管怎麼做，有人的荷包會有更多錢可花在額外的消費，進而增進經濟成長。

第二個面向是，價格跌向零的傾向。我在一九八〇年代住在美國，我記得我父親從倫敦打長途電話給我，談話內容總是大同小異：「我不能談太久。」他會大聲對著不清楚的線路喊道：「電話費很貴。」幾乎談話內容大半是打電話太花錢，他很快就會掛電話。打長途電話很有壓力，線路的品質很差。

今日只要有網際網路連線的地方，人們就能免費通訊，不受任何時間限制。FaceTime和Google Hangouts等服務也表示人們能即時視訊溝通。人們可以瀏覽臉書，和朋友聊天，可以透過推特發出訊息（特別是他們升遷到高級辦公室時更好用），或查閱維基百科的資訊。維基百科理論上可以把所有人類知識帶給任何有網際網路連線的人，但它對經濟的價值卻是零。這麼好的東西怎麼可能毫無價值？而這是否表示我們認為真正有價值的東西被排除在我們稱為經濟的東西之外？

我們以三種主要方式來支付像串流音樂、YouTube和臉書等無形的數位服務。第一種是老派的方式：付錢。第二種是我們付出時間，特別是觀看網站的顯示廣告，這時候是廣告收入支付了服務內容。[2]第三種方式類似廣告，但你付出的不是時間，而是付出資料——你自己的資料。許多公司靠出售顧客的資訊賺錢。這表示你對成長貢獻的方式只有國家安全局（NSA）才了解。

那天晚上在紐約還發生了別的事。你正在參與被很花稍地稱之為共享經濟的東西。在Airbnb誕生前，如果你準備出遠門，通常你會讓你的公寓空著。有了Airbnb後，實際上你可以把你的公寓透過線上市場租給別人，以交換在下加利福尼亞州的那間公寓房間。恭喜你，你正協助讓世界的實體資產效用最大化。你把原本的空公寓變成一間旅館，這對環保有好處（如果不計算搭飛機到墨西哥這件事），因為這表示旅館不須蓋那麼多新房間。但在其他條件不變下，這對經濟是壞事：較少營建、較便宜的房間。

在eBay上交易二手貨也一樣；或者捐贈舊衣服到非洲。你傷害了經濟，雖然你可能天真地想像你在做有益環保的事，或讓盧安達的貧民小孩有衣服穿。[3]別忘了虛構的中國工人陳賢。因為你突然對二手貨感興趣，他將不再需要生產這麼多產品。隨著東西變得愈來愈便宜和方便，經濟活動將減少，或者至少看起來像減少。感覺上好像我們對經濟的定義無法反映實際發生的情況。

讓我們再舉你的筆記型電腦為例，也就是你做所有這類事的工具。你的筆記型電腦價格可能和三年前差不多，但從記憶體、速度和螢幕畫質來看，現在至少是三年前的兩倍好。所以你花同樣的錢買到更好的產品。換句話說，價格下跌了。這在計算GDP時很重要，因為你看到的成長數字通常調整過通貨膨脹。對電腦和其他科技服務來說，改善──因此價格下跌──的速度通常讓統計數字趕不上。這表示我們高估了通貨膨脹，因此低估了我們經濟體實際的大小。

美國參議院在一九九五年下令調查這個問題，次年博斯金（Boskin）委員會的報告說，一部分因為像電腦和手機等設備的快速進步，使得美國在一九九六年之前每年高估通貨膨脹一．三個百分點。[4] 這表示低估成長相同的比率。[5] 日本和一些歐洲國家也做類似的調整，但科技變遷的速度快到我們可以合理假設每個國家都出現相同的問題。那意謂我們高估了通貨膨脹──而且我們比自己認為的還富有。

有一個概念可以總結發生什麼事，那就是消費者剩餘（consumer surplus）。它代表消費者支付買東西的錢，和東西實際價值之間的差距。這個概念因為十九世紀的經濟學家阿爾弗雷德．馬歇爾（Alfred Marshall）的理論而聞名，它可以應用在像水這麼簡單的東西，你可能支付比市場價格高很多的錢來買水，尤其是在你很渴時。或者像較晚近的約翰・葛里遜（John Grisham）寫的驚悚小說，熱情的粉絲會支付遠高於標價的錢，以搶先看到新書。

隨著科技飛快發展，以及一些產品的價格降到零，部分經濟學家宣稱這是消費者剩餘擴大。測試這種理論的方法之一是，看有多少早期採用者願意購買（例如最新的iPhone）。產品上市週末的價格，和手機最後跌到哪個穩定價格間的差距就是消費者剩餘，至少對這些粉絲來說。或者你可以威脅要搶走別人的iPhone，看他願意支付多少錢來要回這支手機。iPhone不只是一個設備，也是連接朋友和生意夥伴的網路，以及獲得資訊的手段。「我想真正的價值達到每人數千美元。」戴維斯說：「那表示iPhone帶給大多數人多少價值，呈現極嚴重的計算錯誤。」

大多數專家同意，科技的變遷造成國民帳低估了經濟成長。但對低估多少的看法分歧且差異極大。麻省理工學院的艾瑞克・布林約爾松（Erik Brynjolfsson）二〇一二年指出，資訊業占美國官方統計GDP的比率——約四%——和二十五年前差不多。客氣地說，這令人難以相信。許多人嘗試計算官方數字未涵蓋的東西，而且採用各種不同的方法。[6]它們包括為我們花在網際網路的時間訂時薪，據Google的研究估計為二十二美元，因為那是當時美國的平均薪資。[7]

布林約爾松和他的同事喬希・歐（JooHee Oh）進行自己的研究，他們發現從二〇〇二至二〇一一年，美國人每週把閒暇花在上臉書、Google、維基百科和YouTube等服務網站的時間，從三小時增加到五・八小時。因為消費者原本可利用這些時間做別的事，所以這兩位作者假設花在網際網路的閒暇時間反映出日增的消費者剩餘，並計算在二〇一一年達到每個使用者二千六百美元，全美國的總額則為五千六百四十億美元。如果把它加進國民帳的統計，那將使成長率一年提高〇・四個百分點。其他估計則得出將近這個數字的兩倍。[8]

不是每個人都同意看臉書應該被計算為經濟活動，特別是有人在工作時不做有用的事——包括與同事閒聊——卻流連臉書而忘返。為什麼看YouTube算經濟活動，而看電視或與小孩玩耍或到公園散步不算？我們真的應該給觀看貓影片較高的估值，高過——隨便選一個自然發生的活動——看一隻真正的貓嗎？網際網路的好處也可能被高估，就像可能被低估一樣。

《傳道書》上說：「太陽底下沒有新鮮事。」寫這句話的人無疑是道聽塗說。我們對計算創新往往感覺很困難，這適用於汽車和影印機的改進，以及網際網路速度加快。

當新發明剛出現時，它們可能貴得嚇人。受到專利保護的藥品就是好例子，它們讓藥品公司可以把產品價格訂在數百、甚至數千美元。但當專利到期後，同樣藥品的價格可能跌到幾美分，使產品基本上從經濟消失。

如果你和許多人一樣，認為科技正以前所未見的速度進步，那表示錯誤衡量的問題正日益嚴重。但一些重量級的學者表示，真正重大的科技進步已經過去。西北大學生產力專家羅伯特．戈登（Robert Gordon）宣稱，所有真正革命性的發明都出現在一八七〇年後，並在約一九七〇年逐漸停止。他舉出的例子包括電力和內燃機的發明，和自來水與汙水處理。這些發明帶來電話、收音機、冰箱、汽車和飛機等機器的誕生。許多這些科技反過來製造出強大的漣漪效應。

劍橋大學經濟學家張夏準說，洗衣機是遠比網際網路更具革命性的發明（刻意舉的例子）。為什麼？「洗衣機、天然瓦斯、自來水和所有標準配備的家庭技術，讓女性得以進入勞動市場，而這表示她們生育的孩子減少，能投資更多在每個孩子身上，尤其是投資在女孩。這改變了女性在家庭和在更大社會中的談判地位，給她們投票權和促進了更多的改變。它改變了我們的生活方式。」[9] 戈登宣稱，科技對社會帶來根本的影響，但這種影響正逐漸式微。旅行的速度從馬匹和馬車到噴射機，但噴射機的速度已停滯約五十年。都市化和家庭電器改變女性生活，都屬於一次性的事件，一旦發生後，這些科技躍進在統計數字上都很快消退。

儘管如此，我們似乎可以預期，電腦革命將以我們還不完全了解的方式改變我們的生活。機器人和人工智慧將使今日的許多工作變成多餘，而這個改變現在我們看到還只是自動答錄機和超級市場自動收銀機已變成我們每日生活的一部分。未來的汽車將自動駕駛，包裹將由無人機送達，機器人將自動開處方藥和照顧老年人。在日本，機器人製造其他機器人已存在許多年。

如果新發明的根本就是資訊交流和「站在巨人的肩上」，那麼科技進步只會隨著愈來愈多人取得資訊而加快速度。將來即使是在開發中國家，人們也能隨時取得幾乎所有的人類知識，而這是直到一九九〇年還沒有人想像得到的事。在盧安達，有一個計畫將讓一千二百萬人可以連接一個人工智慧醫生，它將根據透過電話描述的症狀提供醫療建議。[10]

有關我們是否低估成長的辯論，可能是經濟專業人士面對的最大核心難題。在發明和科技突飛猛進之際，為什麼生產力停滯不前？答案可能是進步未被計算在內。當然，也可能是因為科技並未帶來人們預期的生產力躍進，但這種可能性似乎不大。

這個難題攸關人們對自己的處境有什麼感覺。歐洲和美國有許多人，特別是所謂萎縮中的中產階級，對他們感受到的生活水準停滯忿恨不平。但如果成長被低估，很可能許多人實際上生活過得比想像中好。如果我們能更正確計算科技變遷，也許會發現我們的生活並沒有那麼糟。另一方面，也許人們是對其他事物感到不高興，包括失去有意義的工作、不平等升高，以及社群的支離破碎。從許多面向看，重點是成長的觀念——以目前的衡量方法——讓我們無從了解真實情況。

如果你未曾搭過日本子彈列車，就很難想像那種令人讚嘆的經驗。那列光鮮流線、有著滑稽加長鼻頭的列車滑進車站時是如此精確，站在月台上指定位置的旅客發現，他們被分配車廂的門就停在他們面前。列車在幾秒內滑出月台，恢復以接近飛機的速度奔馳越過鄉間的旅程，你驚奇地欣賞窗外飛快掠過的風景，或向靜靜推著手推車穿過車廂、頻頻鞠躬的女服務生購買新鮮的點心零食。從東京到大阪每天約有三百班次的服務，以兩個半小時完成五百五十二公里的旅程，平均延誤的時間只有幾秒鐘。

要為品質訂價並不容易。經濟學家會說，價格是顧客同意支付的任何數額，因為市場會在供應與需求間找尋自然的平衡點。這可能適用於一個國家內，但當牽涉到國家之間的比較，尤其是有關非貿易型服務如東京到大阪的火車服務時，價格的理論就難以適用。在英國，不管我多討厭倫敦－桑德蘭線火車的長時間延誤、簡陋的車廂和供應的濕軟三明治，我也無法支付更多錢搭乘日本子彈列車到相同的目的地。

美國國鐵（Amtrak）火車的情況也類似，它以屬於另一個世紀的慢速爬行，並且致命意外的頻率高得驚人。（日本從一九六四年推出子彈列車以來，沒有一個人因為列車意外事故死亡。）不難想像我偶然讀到顧問業者麥肯錫（McKinsey）的一篇報告，惋嘆包括火車在內的日本服務業效率低落時，感覺有多驚訝。報告說，即使是日本最好的公司也只達到美國公司效率的八五％。[11]那是只有經濟學家說得出來的話。對實際搭乘過兩個國家火車的任何人來說，說美國或英國火車比日本火車有效率是很可笑的事。經濟學家很少談到品質問題。對日本低效率的批評源自經濟學家沒有以相同條件做比較，因為很少國家的服務能比得上——而且沒有國家能複製——日本的服務。

日本一橋大學經濟研究所前教授深尾京司，提供許多麥肯錫和其他公司用來做國際比較的日本資料，他同意人們常使用的服務業效率衡量法——每人時附加價值，以及合併資本與勞動投入的全要素生產率（TFP）——過於粗糙，難以應用於廣泛的國家。深尾以在麥肯錫報告被批評效率不彰的日本零售業為例。零售業生產力的基本衡量方法是一名員工在一小時內可以轉移多少產品。以這種計算方法，德國的表現優異，但根本原因是商店營業時數受到限制，使顧客必須在集中的時段倉促購買東西。日本的表現落後，部分原因是日本的街上有無數小商店販賣琳琅滿目的產品，有許多是一天二十四小時營業。這些服務價格低廉，但品質優良，且極其方便，但純粹從數字看的效率卻不如美國大城市郊外巨大的超級商店。這種經驗是無法比較的，而且不要忽略日本的商店往往走路就可抵達，最多只有騎腳踏車的距離。資料未反映必須開車到郊外的不便利等與跑遠路採購的「外部因素」——未衡量的副作用——包括交通意外、汙染、道路維護、壓力和耗費時間。

服務本來就很主觀。一名工程師被問及如何讓倫敦－巴黎間的歐洲之星（Eurostar）火車服務更愉快。他建議花六十億英鎊增闢新軌道，以使三個半小時的車程縮短四十分鐘。一名廣告業主管被問及相同的問題，他想出一個不同的解決方案，建議僱用男性和女性超級名模在旅途中沿著走道免費供應柏翠酒莊（Chateau Petrus）的名貴葡萄酒。火車公司將節省數十億英鎊的新軌道支出，而旅客實際上會要求火車開慢一點。[12]

即使沒有跨國界的複雜因素，計算服務的產值也比製造業產品困難得多。像是你如何比較兩家不同理髮店的服務？有一家是以電動剃刀推的戰鬥營式後面及兩側鏟青頭，另一家則是高級沙龍花三個小時的精細髮雕外加無微不至的頭部按摩。沙龍的裝潢和理髮師的技術又如何計算，不只是理髮，也包括親切優雅的交談？說理髮價格就能說明品質好壞還不夠好，因為價格每年會變動。如果一種服務很難量化且變化不定，可憐的統計人員將如何計算每年的價格變動——國民所得帳要有意義就必須反映的要素？

要是你覺得理髮已經夠難計算，試想花園造景師或電腦工程師提供的服務，它們都是依照顧客的需求量身打造且幾乎不可能比較的東西。國家統計機構每天都得為這些問題煩心。例如，美國的製造業產品有超過三百五十個類別，總共占經濟活動不到五分之一，但占經濟活動約八〇%的服務業類別卻比製造業少。我們衡量生產的方法是在一九三〇年代發明的，但後來的生產變遷已完全改寫衡量方法。我們的標準經濟衡量已難以反映我們實際消費的大部分東西。這是很大的缺陷，它意謂我們不必過於認真看待成長的統計數字。[13]

二〇一六年八月歐盟執委會作出歷來最大的稅務判決，下令愛爾蘭向蘋果公司追討一百四十五億美元欠稅（外加利息）。執委會宣稱，蘋果以可疑的獲利分配計畫，把它的大部分獲利移至愛爾蘭最南方的科克郡（Cork），這使得蘋果在歐洲等於不是任何國家的稅務居民，所以在歐洲繳納的稅率遠低於一%。不過，蘋果的財務長宣稱歐盟的說法「在法律上完全站不住腳」，而且歐盟使用「錯誤的分母和錯誤的分子」計算蘋果的稅額——但除此之外，歐盟的說法應該是八九不離十。

這場爭議出自對避稅的意見分歧，但也與我們如何衡量經濟有關，特別是在一個跨國公司擴張得愈來愈大和它們銷售的產品愈來愈無形的時代。在蘋果的例子，許多爭議牽涉智慧財產權。從帳面看，蘋果的愛爾蘭子公司獲利極龐大——雖然愛爾蘭的銷售只占蘋果總銷售一小部分——因為蘋果的智慧財產權登記在愛爾蘭。在數位時代，產品的價值主要不是其實體資產，而是品牌、智慧或其藝術內容。即使像噴射引擎這種看似有形的東西，顧客付錢買的不只是這個設備，而是包含複雜的服務合約，由供應商負責隨時監測引擎，在產品整個壽命期間保持它的順暢運轉。

許多跨國公司能夠隨時移動它的產品價值來源到它們的國際網絡各地，不管是智慧財產權、服務合約或法律服務。你可以在西雅圖購買引擎，但確保引擎運轉二十年的人是在孟買。透過一種稱作移轉定價（transfer pricing）的做法，子公司之間彼此收取使用無形服務的費用，讓獲利登記在一個地點——幾乎一定是稅率較低的國家。臉書二〇一四年引起英國輿論的撻伐，因為它只在英國繳納四千三百二十七英鎊的稅，這件事還刺激一個威爾斯小鎮的抗稅運動，因為那裡的小企業繳納的稅金還遠比臉書多。[14]

GDP是國家的產物，但企業的營運愈來愈跨越國界。最早所稱的國民生產毛額（GNP）計算一個國家所有國民生產的東西，不管是在什麼地方工作。在老布希政府任內，這個詞被改為現在人們較熟悉的國內生產毛額（GDP），以計算一國邊界內生產的一切東西，包括非國民的生產。改變的原因可能是布希需要提振國內的威信。GNP改成

GDP後提高了美國的成長率，因為GDP包含大舉投資在美國汽車業和電子業的日本公司的生產。[15]

在今日的跨國時代，許多西方公司把生產遷移到中國、墨西哥和越南，因此使用GNP這個詞的理由也更充分。附帶一提，我們目前計算經濟的方法會使西方經濟體看起來比實際更好，同時讓製造產品的國家看起來比實際糟。[16]如果企業在一個國家登記、在第二個國家生產、在第三國銷售，並在第四國繳稅（如果逼不得已必須繳稅時），那麼國民生產的組成不管如何規定，都已幾乎沒有意義了。

蘋果的歐洲稅務爭議是一個好例子，但蘋果iPhone的製造也是。大多數蘋果iPhone在中國深圳的工廠製造，這些工廠則由台灣公司鴻海擁有。蘋果和許多其他美國公司選擇中國作為製造基地，是美國對中國有龐大貿易逆差的原因。但龐大貿易逆差的表象——雖然是一個爆炸性的政治議題——實際上沒有那麼嚴重，因為大多數在中國組裝的零件是在別的國家製造：南韓的微晶片、日本的電容器，和美國自己的微處理器。你甚至不必打開iPhone就能明白怎麼回事，只要翻到背面就會看到「由蘋果在加州設計，在中國組裝」。一份報告發現，中國的勞工只賺到iPhone價格的二%，而蘋果的股東則以獲利的形式賺進價格的三〇%。

即使是像蛋白石這麼單純的東西也可能很難分清它的貢獻。一本談重慶大廈（Chungking

Mansions）——香港一家聚集世界各地貿易商洽談交易的廉價旅館——的書，描述一個令人眼花撩亂的低階全球化例子。[17]澳洲的蛋白石透過重慶大廈的交易運送到中國華南，在那裡研磨拋光，然後運回澳洲當作紀念品賣給旅遊澳洲的中國人（假設他們再把蛋白石帶回中國）。在這種世界裡，國內生產的概念——也就是我們經濟的定義——變得幾乎毫無意義。

第六章

平均數有什麼問題

一個成長中的經濟沒有告訴你財富分配的情況。雖然我們的國家愈來愈富裕、企業愈來愈有效率，我們並沒有創造更多工作，也沒有支付更高的薪資。如果大多數人沒有感覺受益，那麼成長的目的究竟是為什麼和為了誰？

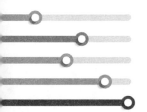

THE GROWTH DELUSION

WHY ECONOMISTS ARE GETTING IT WRONG AND WHAT WE CAN DO ABOUT IT

二〇一五年九月，科學期刊《美國國家科學院院刊》刊登一篇由兩名學者安妮・凱斯（Anne Case）和安格斯・迪頓（Angus Deaton）發表的論文，標題是不怎麼聳動的「中年白種非西班牙裔美國人在二十一世紀的罹病率和死亡率升高」。埋在這篇論文嚴謹的文字下是一個驚人的發現。從一九九九年開始，中年白種美國人的死亡率呈現顯著升高。但這種情況並不像在一九九一年蘇聯解體後一整個世代似乎深陷絕望、酗酒，以及預期壽命跌得令人心驚。這種事怎麼可能發生在美國，一個經濟數十年來以堅實的比率成長——至少直到二〇〇八年金融危機前——的國家？

令人震驚的是，死亡率升高是作者所稱「絕望之死」——特別是自殺、藥物和酒精中毒，以及慢性肝病和肝硬化——的結果。直到一九九九年前，年齡介於四十五到五十四歲的白種中年美國人死亡率已下跌到一年約二%，與其他富裕國家的下降趨勢相符，但這個趨勢在那一年突然停止，並且逆向上升。

論文包含一個引人注意的圖形，畫出每十萬名中年白種美國人的死亡率線圖，對照澳洲、加拿大、法國、德國、英國和瑞典的白種中年人。所有其他國家的死亡率都以一九九九年之前的速率持續下降。西班牙裔美國人和非洲裔美國人的死亡率（未顯示在圖上）也以符合國際水準的速率下降。[1]但白種美國人並未下降，事實上，他們開始往上攀升。這種趨勢逆轉了幾十年的進步，而且未發生在其他富裕國家。報告歸結罪魁禍首是

表一

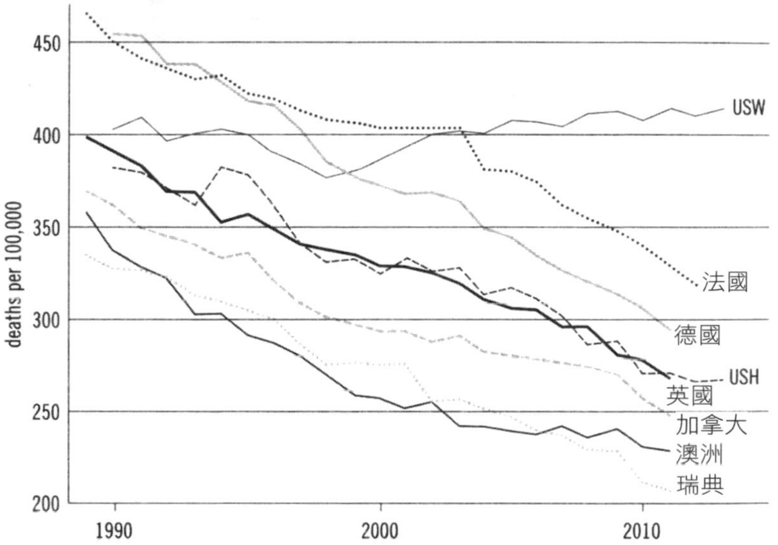

注：總死亡率，年齡45-54歲；美國非西班牙裔白種人（USW），美國西班牙裔（USH），和六個比較的國家：法國、德國、英國、加拿大、澳洲、瑞典。

無聲的殺手。如果白種中年美國人的死亡率繼續以趨勢的比率下降，從一九九九至二〇一三年應該有超過五十萬人可免於死亡。換一種描述，發生在這個過去生活相對安適族群的「絕望之死」現象，其規模類似一九八〇年代和一九九〇年代肆虐美國的愛滋病疫情。這到底怎麼回事？

在我們嘗試回答這個問題前，有兩個更廣大的觀點。一個是，不管發生了什麼事，都沒有顯示在一般經濟統計數字中。在死亡率逆轉開始發生十五年後的二〇一五年，經濟仍照常穩定成長。雖然經歷二〇〇八年金融危機，美國經濟的規模仍從二〇〇〇年的十兆三千億美元，成長為二〇一五年的十八兆美元，擴增了八〇%。[2]即使在調整通貨膨脹後，成長幅度也有三〇%。[3]如果回到四十五年前的一九七〇年，美國現在的經濟在調整通膨後也已擴增為三倍半。[4]諷刺的是，許多美國人，特別是藍領工人緬懷一九七〇年代，把它視為人人都有好工作、迎向中產階級好生活的黃金時代。這可能反映的是成長的統計數字無法捕捉無形的感覺，例如社群的流失、就業安全感、幸福，甚至於認同感，但如果真的如此，為什麼我們把經濟成長——以GDP來衡量——當作我們在生活中應該重視的東西？隱藏在成長和日益繁榮的故事底下是某種令人不安的東西。

第二個觀點牽涉平均與總合。凱斯和迪頓的研究重點在於把數字拆解成年齡、種族和階級等類別。拆解可以讓總數和平均數所隱藏的趨勢現形。平均的美國人過著壽命較長和較健康的生活，但有一個次級類別的人生活發生逆轉。為什麼？類鴉片藥物使用的爆炸性成長，包括奧施康定（Oxycontin）等處方藥，是重要因素之一。這不僅可以解釋直接的服藥過量致死，而且可反映根本的生理和心理的痛苦導致類鴉片藥物使用氾濫，以及自殺和酗酒日增。類鴉片藥物可能只是表徵，而非根本的原因。

再深入探究，死亡和生病增加似乎大部分影響的是未受過大學教育的人。未能上大學似乎變成一種死刑。在一九七〇年代，中低所得的中年男性平均預期壽命，比同年齡層的高所得男性少五年。到一九九〇年，這個差距擴大到十二年，現在很可能是十五年。正如一位評論家指出：「比你原本可能的壽命早死十五年已經夠糟了，預期比你的父母輩壽命更短還更糟。它跟一般西方人、特別是美國人認為理所當然的觀念相違背。」[5]

不平等升高解釋了這個現象的一部分。中位數薪資從一九七〇年代以來就呈現有點停滯，部分原因是工會喪失談判權，這個趨勢普遍出現在工業國家，因為自由市場資本主義的教旨鼓勵徹底的競爭。在美國，薪資占經濟產值的比率數十年來穩定下降，企業獲利和資本占的比率則與日俱增。這加速了不平等，並懲罰必須工作維生的人，尤其是具備的技術可以被外包、商品化或電腦化的人。許多最好的藍領工作附帶健康保險和在職訓練，但這些工作有一些已移往中國、東南亞、印度或墨西哥。更多工作則被機器人或電腦程式取代。在富裕國家，國民所得中支付給工人的比率從一九七〇年的約五五%，到二〇〇七年金融泡沫高峰時已降至五〇%以下。[6]換句話說，經濟擴張主要的受益者不是製造這些成長的工人，而是資本的擁有者。「美國的工作階級的確是在沒落中，」迪頓說：「它在一九七〇年初期的『藍領貴族』時期達到全盛，當時有許多工會的工作，讓你得到應得的回報……每年升遷，為自己和家人創造中產階級的生活。」[7]找不到好工作降低了人們找到穩定伴侶的機會，同時升高了藥物成癮、酗酒、抑鬱和自殺的風險。

這篇論文引發熱烈的興趣，一些人指控作者忽視非洲裔美國人，他們的死亡率遠高於白種美國人，雖然他們與死亡率升高的白人差距因而縮小。但白種中產階級沒落的發現時機，恰好正值二〇一六年川普取得大權的總統選舉。正如《華盛頓郵報》指出：「川普總統藉由承諾解決白種工人階級的不滿，以及白種種族主義者支持他競選而爭取大量選民。凱斯和迪頓對白種人死亡率的研究似乎直接呼應了這個政治論述。」[8]

根據Pew研究中心二〇一四年的報告，在一九六四年，美國民間產業的非管理階層勞工平均時薪為二・五〇美元，到二〇一四年已增加到二〇・六七美元。這在調整通貨膨脹之前似乎很不錯。若以二〇一四年美元的幣值計算，一九六四年的平均薪資為一九・一八美元。換句話說，經過半世紀的辛勞和所有的成長與技術進步——值得你誇耀的只有區區一・五〇美元。報告說：「以實質平均薪資看，它在四十多年前就已達到最高點。」其中一個解釋是福利成本升高，特別是雇主提供的醫療保險。如果雇主必須支付愈來愈多醫療成本，他們往往靠壓低薪資作為補償。[9]

當然，許多美國人感受到這種緊縮。在Pew的調查中，五六％的受調者說他們的家庭所得落後生活成本的升高，相較於二〇〇七年九月的調查只有四四％表示未落後。換句話說，即使在雷曼兄弟倒閉的震撼之前美國經濟大肆擴張信用時，十個美國人中有超過四個感覺難以維持生計。隨後發生的衰退加快了這個趨勢。根據蓋洛普（Gallup）調查，在二〇〇〇年，三三％的美國人表示自己是「勞工階級」；到二〇一五年，這個數字已上升到四八％。「勞工階級非但沒有滅絕，反而現在根據人們的自我感受占了近一半的美國人。」報告的撰寫人說：「從某些方面看，這些調查比中位數所得或所得不平等的統計更能反映真實世界。他們表達出一種被排除在成長帶來的利益之外的感覺。這是一種很非美國的心理。」[10]

不平等不一定總是壞事，進步仰賴它，因為社會從來就不會同步移動。如果你接受這一點，不平等的唯一替代選項就是停滯不前。在一九六三年由史提夫・麥昆（Steve McQueen）主演的二次大戰電影《第三集中營》（*The Great Escape*）中，戰俘挖掘地道逃出納粹集中營。逃脫者無疑地比留在集中營的人幸運。如果每個人都留在集中營直到戰爭結束會不會更好些？或者我們應該慶祝有一些人先逃脫？[11]

這個比喻可以適用於幾乎任何有一些人先取得優勢的情況。一五五〇至一七五〇年間，英國的預期壽命顯示毫無進步。有趣的是，國王和貴族的壽命也不比農民長。然後情況有了改變：皇室家族獲得先向土耳其購買天花疫苗的管道，加上其他醫療進步從宮廷散播到貴族，使得英國富人的預期壽命拉開與貧民相差二十年的差距。這並不公平，因為這種優勢來自繼承的財富和特權。但這是進步。後來疫苗開始普及，把好處不僅帶給所有英國人民，也普及於世界各地的人。[12]

你可以說這是好的不平等——進步的機制，雖然並不公平。但壞的不公平又是如何？想像你準備赴紐約市的一個晚餐約會，晚餐後去聽一場歌劇。[13]為了準備赴約，你必須穿過林肯隧道。隧道有兩個車道，但規定不能任意變換車道。突然前面出現交通阻塞，兩個車道都停止前進。時間分秒逝去，你很可能錯過晚餐。更多時間過去，現在歌劇票可能變成廢紙。當你旁邊的車道開始移動時，你心想好極了，很快我們也會開始前進。但你的車道沒有移動，在你看著隔壁車道加速移動時，這個希望慢慢轉變成憤怒。突然你能想到的只是人生有多不公平，整個社會都跟你過不去。不知不覺中，你已觸犯法律，你切入另一個車道。這是壞的不公平。

美國人對不公平向來很容忍，一般人的心態通常是：「算他們運氣好，這表示我們也能辦到。」但情況正在改變，如果別人藉由昂貴的教育或繼承或老一輩的關係而取得優勢，你對他人成功的善意就會轉變成憎恨。迪頓說：「如果你是美國的白人勞工階級，你的所得已經三十年沒有增加。如果每個人的所得都沒有增加，而且有很好的理由，例如戰爭，我想人們不會難以接受。」但是沒有發生戰爭，而且有些人所得大幅增加。「當他們看到這些坐享巨額薪資的銀行家，和每年拿到三百萬美元的紐約長老教會醫院院長，他們看到這些傢伙變得超級富有，而白人勞工階級卻沒有得到什麼。」[14]

中產階級正在興旺，這句口號你現在已經不常聽到，但這句話是真的，只要你談論的是全球中產階級，而不是西方的中產階級——他們大部分數十年來頂多是原地踏步。不過，如果你看的是全球所得（通常很少人看），你將看到介於第四十五個百分位數到第六十五個百分位數（從底部往上算）的人，從一九八八至二〇一一年的實質所得增加一倍。這些人有許多是中國人。介於第八十到第九十五個百分位數的人——即高所得國家的中產階級——實質所得呈現停滯。[15]全球頂層一%的人——包括美國頂層一二%的高所得者——獲得全部所得的近三〇%，並擁有所有財富的約四六%。[16]

現代不平等的故事很複雜。不平等在大多數國家都在上升，特別是在高所得國家，但在全球層次上，一些國家之間的不平等實際上正在縮小。[17]至少亞洲部分地區，與西歐及美國和澳大拉西亞之間的貧富差距已經縮小，特別是從二〇〇〇年以來。縮小的主要原因是亞洲的快速工業化，尤其是中國和較晚近的印度。隨著這兩個國家的成長——兩國合計人口占全球近四〇%——加速，它們與西方在工業革命後擴大的所得不平等正在逐漸縮小。十九世紀和二十世紀大部分時間，這兩個世界呈現的生活水準懸殊差異，如今正快速收斂。

因此，拜出生機運（accident of birth）所賜的所得利益正開始下降。[18]對支持不分國籍的所有人機會平等的人來說，這是一件美妙的事，但如果你住在歐洲或美國昔日的工業中心，那可能不是值得慶祝的事。今日你做什麼工作比你在哪裡做它更重要。一名在紐約、上海或班加羅爾工作的企業律師或微生物學家，可能同樣過得很好。如果你在西方國家的工作是製造鞋子或家具，你的生活可能比不上在孟加拉、衣索比亞或菲律賓做同樣工作的人。民族主義的興起和大西洋兩岸反對移民的解釋之一是，因為全球化而生活變差的人正在為他們的「公民身分租」（citizenship rent）抗爭，也就是他們過去因為出生機運而享有的優勢。[19]

由於大多數政治是國內而非全球性的，所以是國內的不平等而非國際間的不平等造成了全球各地的政治反彈。極高的不平等幾乎一定難以持久，尤其是在不平等不是常態的國家，而且幾乎所有富裕國家的問題是不平等升高，尤其是財富（而非所得）的不平等。更明確地說：富人變得更富，而大體上所有其他人則被拋在後面。這是一個令人不舒服的現實，隱藏在我們永不休止的成長故事底下。西方自由主義能否安然度過這個體系震撼仍在未定之數。[20]

不平等的升高發生在全球金融危機之前許多年，甚至幾十年。由世界最富裕的三十五國組成的經濟合作發展組織（ＯＥＣＤ）在二〇〇八年發現，在之前的二十年間，ＯＥＣＤ中有四分之三的國家貧富差距擴大。[21]在加拿大、芬蘭、德國、義大利、挪威和美國，這種差距不僅發生在富人與貧民間，也發生於富人和中產階級間。

與大多數美國人從小養成的信念相反，美國的社會流動性很低。事實上，在傾向社會主義的北歐國家流動性反而較高。（社會流動在英國和義大利也相對較難。）[22]一般來說，社會愈不平等，社會流動愈難，因為富人藉由教育、政治遊說、繼承、關係等方式鞏固他們的優勢。所謂的大亨曲線（Great Gatsby curve）顯示出，當不平等升高時，社會流動性下降。[23]ＯＥＣＤ的報告顯示，如果你在林肯隧道的錯誤車道，你很可能動彈不得。報告說：「較嚴重的所得不平等會扼殺世代之間的向上流動，使有才能和勤奮工作的人更難得到應有的回報。」

ＯＥＣＤ指出，不平等升高有三個主要原因。原本已高薪的人薪資繼續升高，特別是銀行家、專業人士和企業主管；教育程度較低者的工作選擇減少，他們大量退出就業市場；單親家庭增加。貧窮的老年人減少，但貧窮的年輕成年人大幅增加，特別是有兒女的年輕成年人。

經濟逐漸從金融危機復甦對降低不平等幾乎毫無幫助。通常經濟復甦會隨著人們找到工作而降低不平等，但資產價格回升抵銷了這種效應，使富人成為主要受益者。二〇一四年美國底層一〇%的人口只賺取一・六%的所得，頂層一〇%人口則賺取二九・二%。最平等的OECD國家冰島在同一年的數字分別為四・一%和二〇・六%。換言之，美國頂層一〇%人口所得是底層一〇%人口的十八倍。在冰島這個比率是五倍。[24]英國為一〇・五倍，法國六・九倍。

這一切與經濟成長有什麼關係？答案是毫無關係。這正是問題所在。事實上，一個成長中的經濟沒有告訴你財富分配的情況。我們不能忘記前一章的教訓，即品質提高和科技進步可能意謂我們的生活比我們想像的好。[25]儘管如此，一個人使用較好的行動電話或口袋裡有更強效的止痛藥，可能是他們感受財富不如別人時的小小自我安慰。雖然我們的國家愈來愈富裕、我們的企業愈來愈有效率，我們並沒有創造更多工作，也沒有支付更高的薪資。生產力的增加已逐漸與薪資和就業脫鉤。[26]而如果大多數人沒有感覺受益，那麼成長的目的究竟是為什麼和為了誰？

第二篇

成長和開發中世界

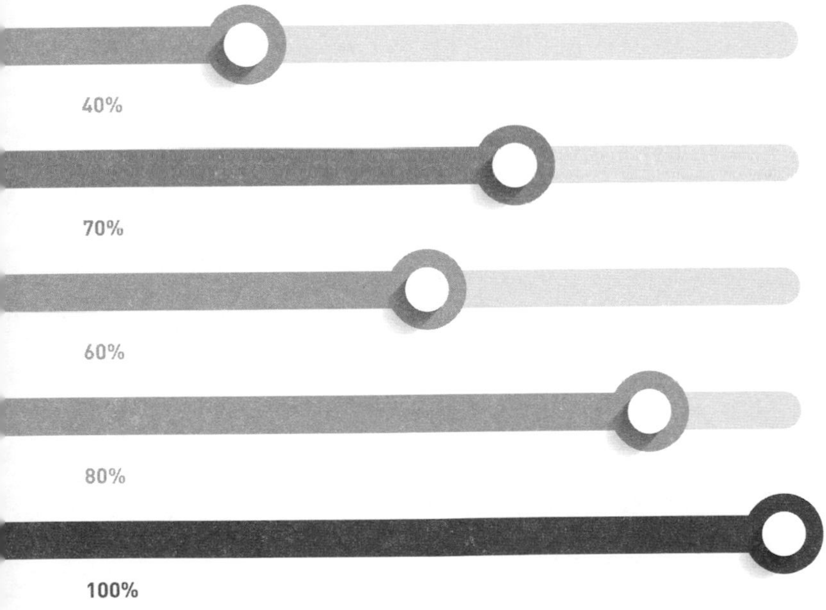

第七章

大象和大黃

在像肯亞這樣的國家，非政府組織正經地告訴我們「半數人口的國民所得一天不到一美元」，但全國成年人口有 80%以上擁有行動電話的事實，會讓頭腦正常的人質疑統計數字，質疑這些身無分文的人怎麼買得起那麼多行動電話。

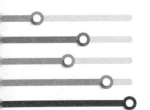

THE GROWTH DELUSION

WHY ECONOMISTS ARE GETTING IT WRONG AND WHAT WE CAN DO ABOUT IT

二〇一五年的某一天，在肯亞工作的一些經濟學家想出一個好主意。他們知道在一個資源有限、又有龐大非正式部門、經濟涵蓋了從開賓士轎車的都市人到趕牛的馬賽部落的國家，要蒐集正確的經濟統計資料有多難，於是他們想到另一個衡量經濟活動的方法。他們想出的主意是利用衛星從外太空照相，記錄晚上的燈光強度。

他們的方法不像乍聽之下那麼離譜。在從印度到厄利垂亞（Eritrea）的許多貧窮國家，以主流方式衡量的經濟大小和從來自衛星的燈光強度資料間，有密切的相關性。當畫成一幅圖像時，乾旱、戰爭或衰退造成的經濟活動減緩，會與燈光強度變暗相符。這個主意的假設是，幾乎所有夜間的消費需要某種燈光，使燈光強度變亮成為成長的好指標。❶

晚上的燈光一體適用於反映正式和非正式的經濟活動，在像肯亞這種地方是一大優點。農民、小販、貿易商、游牧者、工匠、修補匠、騙子、白天的工人、卡車司機和打鐵匠，這些協助創造大部分非洲經濟的人通常不被納入繳稅的經濟中，且大體上不在國家統計數字的範圍內。我們對經濟體的基本定義之一是，凡是不能為經濟增添金額的東西就不存在，但讓非洲經濟保持運轉的許多東西是看不見的。

夜晚燈光法一直以來被用在更了解印度廣大的非正式經濟，因為印度十三億人口中有超過九〇%的勞動人口在非正式部門工作。理論上你可以問電力公司他們在每個地區銷售多少電力，但衛星影像提供更正確的情況，因為官方數字不包括由太陽能和水力供電的小型電網。電力公司也無法精確計算透過低效率電力網傳輸造成的電力流失，或貧窮社區私接電纜偷竊的電力。

燈光強度資料有另一個優點：它能比主流資料更深入揭露地方層次的經濟活動。貧窮國家因為做詳細調查必須花費高昂成本和實務上的限制，所以仰賴從極少樣本來推斷全國的概況。對照之下，燈光強度資料的衛星可提供豐富的資料內容。衛星一天環繞地球十四次，可以記錄每一公里的資料。這比僱用國家統計局人員拿著筆記本到每個村落逐一蒐集資料要好得多。

針對肯亞首都奈洛比——至少有三百萬人口，也是非洲東部地區中樞城市——的夜晚燈光研究有一個出人意料的發現，燈光強度資料顯示奈洛比對國家經濟的貢獻約一三％，遠小於主流國民所得統計所呈現的比率。如果夜晚燈光數字是正確的，那表示龐大的肯亞農村經濟遭到低估。

許多貧窮國家的經濟資料品質低劣得令人驚訝，但我們仍然對它們充滿信心。我們使用經濟資料來比較國家的貧窮程度，判斷它們的政策是否有效、它們收到多少援助，或它們借錢應支付多少利息。但許多方法學的陷阱加上缺少制度性的能力，卻使我們仰賴的數字幾乎沒有意義。世界銀行、賓州大學和格羅寧根大學（University of Groningen）

——三個全世界最受尊崇的國民所得資料來源——編製的二〇〇〇年非洲ＧＤＰ估算，呈現出顯著的分歧。例如，一個把西非國家賴比瑞亞列為非洲第二貧窮的國家，另一個的排名則整整高出二十名。[2]

問題之一是，大多數非洲國家的所謂黑色或灰色經濟——主要為發生於地下的活動——十分龐大。統計員對它了解甚少，所以使用各種權宜、替代和會計的伎倆來填補空白。許多國家甚至沒有蒐集資料的資源。二〇一〇年尚比亞全國的國民帳只靠一名統計人員編製。這個人哀怨地問：「要是我失蹤怎麼辦？」[3]

尚比亞是一個相對穩定的國家。而舊稱薩伊的剛果民主共和國是一個面積有如西歐，人口八千萬，多年來飽受內戰摧殘，國家功能幾近癱瘓的國家，像這種國家要如何蒐集統計資料？即使首都金夏沙有一個運作中的統計局，剛果大部分地區沒有道路可通，許多地方只能靠河船和獨木舟抵達。在辛巴威，長期統治的領導人穆加比（Robert Mugabe）的姪子在晚宴中告訴我，該國只有六％的勞動力正式被僱用，要衡量辛巴威的經濟「就像嘗試用捲尺來量一個杯子裡有多少可樂」。[4]

即使在難度不是這麼高的國家，聯合國國民經濟會計制度建議的計算和交叉比對ＧＤＰ方法——利用支出、所得和生產——實際上不可能辦到。只有少數幾個非洲國家——剛好其中一個是肯亞——曾嘗試這麼做，大部分國家只使用生產。ＧＤＰ統計專家摩頓・傑文（Morten Jerven）指出：「非洲國家的GDP統計都只是總生產數字。換句話說，我們對非洲的所得和成長知道的很少。」[5]

這對一個在全球七十億人口中占十億人的大陸來說，是很嚴重的事。我們假裝我們的經濟統計和國際比較都很精確，但事實並非如此。即使非洲的情況有一部分也發生在亞洲和拉丁美洲的其他開發中國家，這些涵蓋數十億人口的經濟體所編製的數字可能都值得懷疑。從援助到投資的各種決定都根據這些數字，判斷政策是否管用的各種結論也以這些數字為本，但我們大部分時候只是瞎子摸象。顧志耐認為他的方法完全不適合衡量大部分活動發生在非正式部門的貧窮經濟體，但我們正好就是這麼做。這對我們有沒有能力描繪一個有意義的世界圖像是一個十分嚴重的指控。[6]

泰瑞・萊恩（Terry Ryan）稱得上是名人，一家地方報紙形容這位國家統計局局長是「肯亞經濟界的偶像」。萊恩出生於肯亞，在肯亞長大，他對外人看他的白皮膚並認為他不是非洲人感到困惑。他成長於肯亞西部納庫魯（Nākuru）的一座農場，他在那裡短暫擔任過夏姆巴男孩——意思是農場幫手——並在肯亞最好的兩間學校就讀，然後到澳洲、愛爾蘭和美國完成他的學業，最後取得麻省理工學院的博士學位。他在奈洛比大學教授經濟學直到一九八三年，然後獲聘加入肯亞政府擔任規畫部長。從公職退休後，他繼續在編製肯亞的國家統計資料上扮演舉足輕重的角色。我在二〇一六年春季會見他時，他正校對最終版的GDP數字。

萊恩身材高大、四肢修長，以完美的措詞說話，略帶著狄更斯小說角色的滑稽感。當我到中央銀行——位於奈洛比舊商業區一座光線昏暗的大樓建築——的頂樓見他時，他拎著一只破舊的棕色皮箱，據說那是他時時刻刻都帶在身邊的東西，裡面裝了可以回溯到一九六〇年代的統計資料。八十二歲的萊恩還銳利得有如剃刀。

萊恩為肯亞的統計數字感到自豪，他認為是非洲國家中的典範。肯亞有高效率的公共服務，相當成熟的經濟包括鮮切花業經濟作物、輕製造業，和成熟發展的觀光業。以非洲的標準來看，肯亞也相對富裕，人均所得調整地方物價後約三千二百美元。[7]

肯亞完全遵循聯合國國民帳的編製方針，雖然萊恩表示肯亞蒐集的所得數字「很有問題」。雖然萊恩採用標準的方法，他仍很遺憾地指出，肯亞的經濟統計完全無法與美國等國家相提並論。「我們是在衡量大象和大黃（rhubarb；注：是一種常見的可食用蔬菜）。」他說，這個比喻類似於蘋果和橘子難以拿來做比較。因此，他改造顧志耐設計用來衡量美國的「大黃」方法學，以適應像肯亞這樣的「大象」經濟。他說：「它用在已開發世界完全正確，完全合理，但它不見得能完全轉移到開發中國家的情況。」

肯亞人口約四千五百萬，一部分菁英生活過得像紐約人，住在昂貴的公寓或有門牆圍繞的寬敞宅邸，其他人則住在棚屋或茅房，或像游牧民族一樣遊移於廣大的曠野。奈洛比是一個現代城市，有摩天大樓、百貨商店、辦公區、汽車道、大片貧民窟、爵士樂俱樂部、餐廳，和非洲最先進的科技中心。即使是在市區，還能看到所謂的都市牧羊人趕著他們的牛群，穿過喧囂的車陣和繁榮的商街，在四車道的馬路邊或有錢人家的草地上吃草。[8]在奈洛比之外，肯亞風景如畫的曠野是一個完全不同的世界。「我們還有獵人和採集者。」萊恩說：「不是很多，但是有。」

散布於肯亞各地的許多種族之一是馬賽人，他們是養牛維生的高大戰士，一度占據今日肯亞中部到坦尚尼亞北部的大裂谷。馬賽人相信全世界所有的牛都是他們的，這個觀念無可避免地導致他們與其他游牧民族和屯墾農民的衝突。對他們來說牛隻幾乎是一切。馬賽人的名稱源自馬阿語（Maa），而馬阿語有一句問候語是：「希望你的牛群安好。」肯亞的馬賽族有八十萬人，與偏遠西北地區駱駝放牧族圖爾卡納族（Turkana）人口相當。

重點是肯亞社會不在顧志耐從美國觀點建構的理論架構內，這甚至也適用於數百萬名過著傳統田園生活的農民。在豐收年他們可能有剩餘的糧食，他們會以物易物，交換其他產品，或在地方市場出售。在歉收的年分，他們生產的糧食幾乎全部吃光。不管哪一種情況，他們大部分的生產從未顯示在官方的統計上。

萊恩舉玉米為例。他估計肯亞生產的玉米只有半數被收購和販售。因此計算農民自己吃掉多少玉米的方法是設算其價值。這個概念和設算屋主住在自己的房屋應支付多少房租完全相同。「我知道有多少個家庭，也知道人們實際上吃多少玉米。」萊恩說，因為家庭調查已建立農村肯亞人飲食習慣的概略數據。所以他可以約略知道自給自足的農民生產和吃掉多少玉米。

理論上你可以用相同方法計算各種較不明顯的供自己食用的產品。肯亞國家統計局資深官員穆奇利（Benjamin Muchiri）表示，統計局嘗試根據理論，訂出從耕牛在田野的挽力和駱駝提供的運輸等非市場活動的設算值。例如，你可以比較耕牛和曳引機，以及駱駝和貨車的運輸旅程。你甚至可把用來修補茅屋的牛糞當作自製建築材料來計算。

包括或不包括非正式經濟會有很大差別。二〇〇九年的一項研究以牛奶為主題，利用那一年人口普查蒐集的資料，得出的結論是二〇〇九年的國民所得統計低估了牛奶的經濟貢獻約二十倍。研究也發現「反芻動物類牲口」——包括牛、羊和駱駝——的總貢獻比官方統計高出近二十億美元，這對一個經濟名目價值只有三百七十億美元的國家來說不是小數字。[9] 肯亞消費的牛肉估計有八〇％是由包括馬賽人在內的游牧族生產的，這些游牧族有約五分之一從鄰近國家跨越邊界進入肯亞。

除了提供肉和奶給飼主外，牲口還有其他一般經濟統計未反映的利益。例如游牧人用牛隻作為擔保，在緊急情況下可以「提領現金」，這麼做可以節省借貸收取極高利息的銀行信用。牛隻是會走路的銀行帳戶——名副其實的「現金牛」（cash cow）。牛還有另一個用處。為了攝取蛋白質，馬賽人節約地從牛頸靜脈汲取牛血，並與牛奶混合飲用。馬賽人傳統上不屑於耕種作物，而完全仰賴牲口維生。除了宰牛出售換錢外，他們可以一輩子靠牛群生活，所以從ＧＤＰ幾乎完全看不見。

為農村經濟設算貨幣價值的困難在規模不大時可能無關緊要。根據官方統計，農業占肯亞經濟的二〇%到二六%，視農業收成而定。即使不管為自給自足農耕設算價值的其他問題，設算仍然會低估農業對經濟的影響，原因是在肯亞農村賺得的錢會很快花在購買基本物資上，進而對經濟產生經濟學家所稱的高速率或乘數效應。「在鄉下花十萬肯亞先令可以買到許多東西。」萊恩說：「收入的很高比率會用於購買牙膏、衣服、做頭髮。錢流通速度很快，它能創造就業，發揮各種作用。」在農業收成的好壞具有決定性且灌溉幾乎不存在的貧窮國家，能預測降雨的天氣專家比經濟學家更適合預測經濟。

多年來成功地投資非洲的莫蘭德（Miles Morland）也批評統計數字的品質。他嘲諷地說：「在像肯亞這樣的國家，非政府組織正經地告訴我們『半數人口的國民所得一天不到一美元』，但全國成年人口有八〇%以上擁有行動電話的事實，會讓頭腦正常的人質疑統計數字，質疑這些身無分文的人怎麼買得起那麼多行動電話。」他稱隱藏的非洲經濟為亭子經濟學（Kioskenomics），取名自到處可見人們在小亭子進行許多統計人員偵測不到的交易。「任何不是華盛頓智庫的人都知道，非洲的人均所得一定遠高於國際貨幣基金（IMF）的數字。」他說。這一點很重要，因為我們如此重視的數字「是導致全世界經濟學家、政治人物、銀行家和規畫者誤解開發中國家的透鏡」。[10]

萊恩同意官方統計數字大幅低估了肯亞的經濟規模。他說，這些數字顯示，七二%的人口沒有錢吃足夠維生的食物，「所以我們的國人有七二%死了。抱歉，又錯了。」他雙手一攤，無奈地嘲諷標準經濟學的邏輯。不管資料怎麼告訴我們，這些肯亞人顯然有辦法活得好好的。

其中一個解釋是，家族和血緣結構意謂有正式工作者賺的薪資被用來供養更多人。在美國和歐洲，平均數造成誤導的原因是少數人賺太多錢；在非洲，通常情況剛好相反。當然整體的不平等存在，但通常有工作的人會養一個較大的家族，從父母、叔嬸、兄弟姊妹、食客，到任何宣稱有一點關係的人。萊恩記得有一次有個人走進他在規畫部的辦公室，抱怨肯亞的吉尼係數——用以衡量不平等——是「一場災難」。「我說：

『是的，那是一場災難，但這不表示就是你想的那樣。』」萊恩回憶說：「剛好規畫部助理部長是我以前的學生，我跟他很熟，所以我說：『等一等，我們到隔壁去。』然後我們走進助理部長的辦公室，我說：『抱歉打擾了，你的薪水要養活多少人？』他想了一會兒，然後說：『大概五十個人。』我說：『謝謝你。』然後我們走出去。」

萊恩學到的是，你不能從表面解讀數字，即使它們看似完全符合經濟的標準解釋。「你必須質疑資料。」他以顧志耐本人也會說的句子表示。他說：「GDP告訴你值得知道的事，但並沒有告訴你一切事物的解答。我想提倡的是，這個數字不是毫無意義的數字，但你必須了解它有什麼意義。」

耶米・凱爾（Yemi Kale）經常失眠，因為他有個暗黑的祕密。數字在他腦海裡游來游去。他很確定那些數字是正確的，但它們引發爭議，可能帶來麻煩。他想過延後公布這些數字，把這個棘手的問題留給他的接任者。他後來告訴我[11]：「我感覺極度不安，很想乾脆就不公布。」

凱爾是統計學家，事實上他是奈及利亞國家統計局局長，代表這個西非洲大國的最高統計官員。你可能以為統計工作——即使是有這麼好聽的頭銜——是世界上最無趣的工作，跟會計師或雞隻性別辨識員差不多。但在非洲的情況並非如此，在這裡要計算一個經濟體的大小充滿了各種風險、甚至危險。凱爾有時候擔心自己的性命安全，他不只一次接到州長的威脅電話，激憤地抗議他揭露他們領地的貧窮水準或失業率。「這個工作充滿爭議性。」他說：「我們的國家不太能接受事實，不管是好的、不好的或醜陋的。」

表面上看，凱爾想隱瞞的祕密屬於「好的」類別。根據他三年的研究，奈及利亞經濟比上次估算的擴增八九%。當他終於鼓起勇氣在二〇一四年四月一個週日下午公布結果後，這些資訊證明極具震撼性。他公布的數字具有極大的象徵意義，代表奈及利亞已超越南非，成為非洲最大經濟體。

對一個經常吹噓自己重要性的國家來說，這件事的意義非同小可。奈及利亞人口一億八千萬人，是非洲人口最多的國家，遙遙領先其他國家。奈國有石油——而且有強烈的企圖心。如果你聽奈及利亞人說話，很容易想像奈及利亞是一個富裕國家，因為他們總是以不變的誇張方式，展現強烈的野心、動機和創業精神。的確，從一九六〇年奈及利亞獨立以來，它的公民一直不厭倦地提醒鄰國奈及利亞是一個「很大、很大的國家」。終於，現在有證據可以證明它是最大的國家了，至少在非洲是如此。

這個發現對許多全球投資人來說也是一個驚喜，從尋找下一個大市場的啤酒公司，到分配投資基金的投資組合經理人莫不如此。跨國公司的地區主管過去可能一直向上司鼓吹應該加碼投資奈及利亞，現在可以帶著證據回到他們在紐約或上海的董事會，證明他們的看法正確。

「修正的數字將帶來心理上的影響。」當時奈及利亞意氣風發的經濟與財政部長恩格茲（Ngozi Okonjo-Iweala）說：「它確認了投資這個主題。」她指出，重計GDP的重點「不在於當最大的」，而是「正確地衡量經濟」。但當最大的顯然是不錯的紅利。

不過，變更富裕也有缺點，這一點凱爾很清楚。修正後的數字指出，平均來看奈及利亞人的生活比他們之前認為的更好。這對數千萬名凱爾的同胞來說是個新聞，因為他們還是生活在骯髒的貧民窟、沒有工作、沒有水電——這一切都發生於非洲大陸的最大產油國。根據凱爾領導的統計局調查，在二〇一〇年，有六一％的奈及利亞人生活在貧窮中，每天靠不到一美元生活。一項調查也揭露一個令人吃驚的數字：九四％的奈及利亞人認為自己貧窮，遠高於六年前的調查「只有」七六％。凱爾惋嘆道：「雖然奈及利亞經濟正在成長，生活在貧窮中的奈及利亞人比率卻逐年升高。」

許多奈及利亞人可能合理地質問，為什麼他們在這麼富裕的國家——比他們之前認為的還富裕近兩倍——仍然一貧如洗。答案很可能是，向來以掠奪國家財富而惡名昭彰的奈國菁英，竊取了比他們之前所想像還多的財富。女權運動倡議者史坦南（Gloria

Steinem）據報導曾評論說，真相「會讓你獲得自由，但它會先讓你憤怒」。

凱爾像是個傳道者，雖然面對無數與定義和衡量經濟有關的困難，他認為追求更精確的統計數字是一個近乎神聖的使命，是奈國一九九九年結束軍事統治後民主整合過程的一部分。他在公布新數字時也發表預先準備的評論說：「人們對負責和講求證據的好治理要求日趨殷切。」許多人對奈及利亞領導人竊取國家財產感到憎惡。從奈及利亞沿岸海域和沼澤三角洲開採石油獲得的獲利憑空消失。凱爾認為，更正確地統計經濟的樣貌有助於一般奈及利亞人監督他們的政府。

他也表示，了解成長不一定代表幸福極其重要。他說：「一個國家的名目GDP比別的國家好，並不表示這個國家比其他國家『開發程度更高』。開發涵蓋一組比GDP更廣的人類進步標準，GDP純粹只是經濟產出的衡量。」他強調不平等和失業是國民所得統計遺漏的社會疾病，如果創造的所得被一小群菁英攫取，如果未被用於為大多數奈及利亞人創造就業和機會，那麼經濟成長就毫無用處。

從國際層面看，身為富裕國家也是利弊參半。在利的一面，經濟成長將近九〇%意味奈及利亞的負債比以前輕，這是因為幾乎所有數字都會以GDP來做比較。GDP是許多最重要的公共政策比率的分母，例如一國的負債往往以債務對GDP比率來表達。如果GDP增加，債務就會隨之減少。太神奇了。這表示至少在理論上奈及利亞能夠再向外國借更多錢，而且因為利息隨著估計的風險而下降，它償還債務的金額將減少。而如果奈及利亞負債減輕，它的風險自然隨之降低。

但像奈及利亞這類國家不見得總是想被認為變富裕。即使像中國這麼大且重要的國家，對統計數字顯示經濟表現得太好也會感到不舒服。北京曾一連幾個月激烈反對和阻止世界銀行公布它協助編製的二〇一四年統計數字，因為這些數字顯示以中國物價衡量的中國經濟已超越美國，成為世界最大經濟體。[12]中國共產黨長期以來遵守鄧小平的「韜光養晦」原則，認為中國應隱藏它的崛起。但世界銀行的經濟學家多管閒事，讓它的祕密曝光。

凱爾在三年前就發現自己處理的是一個極為敏感的主題。二〇一一年他第一次被徵召監督奈及利亞國民所得的重新計算時，就已知道他將必須研究出如何在一個遼闊而複雜的國家實際執行計算經濟的方法。借用奈及利亞作家奇努瓦．阿契貝（Chinua Achebe）的話來說，這正是事情開始失去掌控的時候。即使是在有充裕預算、高效率公共服務和長期資料蒐集的富裕國家，掌控正確的數字仍然不是易事。你無法知道每個企業、家庭和個人的所有經濟活動，你能做的只是蒐集樣本，然後盡可能交叉比較愈多實際資料愈好。在像奈及利亞這樣預算較少、既有資料貧乏的國家，這些難題都被大幅放大。

首先，要計算最基本的有多少人口就很困難。奈及利亞的人口普查甚至比GDP調查還更具爭議性，原因是個別的州或地區的人口多寡可決定從政治影響力到享有聯邦政府多少稅收轉移等事務。奈及利亞是一個由大英帝國主義者劃定邊界的年輕國家，北部人口以穆斯林為主，南方則以基督徒占多數。在一九六七年，因為東部的伊博族（Igbos）宣布獨立為比亞法拉共和國（Republic of Biafra）而引發內戰，使數百萬平民飢餓至死，國家幾乎分裂。因此，了解各地區有多少人口具有高度爭議性。

還有一些實務上的困難。過去英國人只計算當時的首都拉哥斯的人口。早期的一次全國人口普查，因為北部的蝗災和東南部的抗稅暴動而中斷。[13]大多數人口統計學家從未真正相信奈及利亞的人口數字，不管是總人口數或各地區和各種族的分項數。然而除非你知道有多少人口，否則無法精確計算經濟的規模，因為其中牽涉放大調查的結果。凱爾坦言：「我不使用人口普查數字，那些數字兜不攏。」[14]

凱爾還有幾個頭痛問題。奈及利亞是一個廣大的國家，有些地方很偏遠，開汽車、摩托車，甚至乘獨木舟幾天才能到達。受僱跑遍全國各地蒐集資料的人，未必總是真的不辭勞苦執行他們的任務；過去不乏調查人員在自己家中憑空編造數字的例子。凱爾使用全球衛星定位系統追蹤，以確保他的員工確實到達各地，並以隨機電話查核受調者，以確認他們真的接受訪談。

他說，有一次他派出三千名資料蒐集員中的六名，到奈及利亞西南部埃基蒂州的偏遠角落。「他們騎著摩托車進入村莊，拿出用具和iPad。村民不常看到這種場面——六個穿著光鮮大衣和長靴的人。」他回憶說：「村民圍住他們，把他們帶到酋長家，威脅要殺死他們。我們不得不打電話給地方警察以迅速處理。」據我們所知，顧志耐從來不用考慮這種難題。

凱爾對調查的問題必須發揮創意。例如，當人們被問及賺多少錢時，通常會因為對稅務當局的戒心而低報金額。不過，問他們花多少錢時，他們往往會打腫臉充胖子，誇大他們的購買力。凱爾說，在調查時問對問題很重要。

蒐集其他資料時也遭遇大問題。他必須仰賴以貪腐出名的石油業和港務當局提供的石油產量和航運貨物量等數字。最受懷疑的是官方為了從收入中飽私囊創造空間，而提供低估實際數量的數字。凱爾說，非正式經濟龐大而深不可測，甚至在大幅上修GDP八九%後，他懷疑仍然低估實際數字。就技術上來說，凱爾是被要求進行國家會計員所稱的重建基準（rebasing）作業。當國家計算國民所得時，是根據一個作為參考點的基準年分來重建基準。假設奈及利亞人在基準年生產一億袋稻米，（這個數字純粹是假設，絕對不可能是真的。）第二年他們生產一億一千萬袋。基準讓我們很容易比較不同的年分，在這個例子是增加一〇%。反之，如果把價格納入考慮，就必須對通貨膨脹做適當的調整。這麼做可以更容易比較數量——在統計上也更清楚。

到這裡還不成問題，問題在於基準年很快會過時。經濟體會自然改變，有些產業成長，有些萎縮或消失。也許奈及利亞人不再種植稻米，轉而種高粱。該國的紡織業大部分被便宜的中國進口產品消滅。聯合國統計委員會建議每隔五年改變基準年，但在資源稀少的非洲，統計官員可能幾十年才重做這個辛苦——且昂貴——的工作。這是聯合國編製的許多統計數字極度不精確的原因之一。賴比瑞亞計算通貨膨脹時，使用的是數十年前決定的一籃子產品作為基準。我可以想像賴比瑞亞的統計官員為計算今日的物價而在市場上尋找喇叭褲和黑膠唱片的情景。[15]

在奈及利亞的例子，基準年是一九九〇年。到了二〇一四年國家統計局公布新數字時，許多情況已經改變。行動電話是一個好例子。在一九九〇年，奈國幾乎沒有這類裝置，而是有約三十萬具固網電話，而實際上正常使用的可能只有十萬具。當時甚至沒有一本可靠的電話簿，有個記者回憶，他必須派一名司機穿過交通混亂的拉哥斯街道到某個人家，只為取得他的電話號碼。到二〇一〇年情勢已經改觀：行動電話用戶有八千萬個，但由於國家統計局參考一九九〇年電話只占經濟極小部分的基準，以致這個爆炸性的成長幾乎完全看不見。

奈及利亞經濟的其他方面也發生改變。現在它有一個蓬勃發展的電影業，取名為諾萊塢（Nollywood），一年生產數百部影片，只是沒有人計算它的產值。像《阿布加大決戰》（*The Last Flight to Abuja*）這些影片吸引的眾多影迷不限於奈及利亞人，而是遍及非洲和世界各地的非裔僑居地，但對仰賴一九九〇年基準的國家統計員來說，諾萊塢並不存在。銀行業也呈級數性成長，背後的推力是技術的進步、社會特定階層的財富增加，以及外國資金擁進奈國因石油而快速成長的經濟。這些並非反映在以一九九〇年銀行活動為基準的加權計算中。

當凱爾領導的統計局終於公布以二〇一〇年為基準年的新國民所得統計時，它們顯示出奈及利亞的經濟已發生劇烈改變。新的奈及利亞大幅分散化，向來被視為該國經濟支柱的石油與天然氣占ＧＤＰ比率，已從三二．四％腰斬逾半至一四．四％。農業的相對重要性提升，而電信業對產值的貢獻高達八．六％，相較於一九九〇年只有〇．八％。即使是低成本製作和盜版問題嚴重的諾萊塢，占有整體經濟活動的比率也有一．四％。過去一片模糊的經濟圖像，逐漸呈現清晰的樣貌。

但當我們熱切地比較經濟體的大小和世界各國的生活水準時，我們應該記住萊恩說的：它大部分是大黃。

第八章

經濟成長術

成長本身不是目的。但若善加管理成長，它可以變成改善人們生活的魔塵。

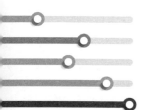

THE GROWTH DELUSION

WHY ECONOMISTS ARE GETTING IT WRONG AND WHAT WE CAN DO ABOUT IT

我二十歲時第一次旅遊印度，我記得飛機的艙門打開後走下搖晃的階梯，迎面而來的熱空氣感覺像洗熱水澡。當時是凌晨三點鐘，走出機場時我看到數百名無家可歸的遊民露宿在屋外，發出安靜的呼嚕聲。因為沒有別的去處，他們選擇在德里國際機場外面打地鋪。

那一年是一九八五年，印度還是個極度貧窮的國家。根據世界銀行，以美元計算，印度的人均所得約三百美元，預期壽命為五十六歲。貧窮的慘況俯拾皆是，一群群赤足的小孩遊蕩在街頭，乞丐熱切地對行人揮著他們殘缺的手。在城市、鄉鎮和村莊，疾病、營養不良和窮困明顯可見。

今日的印度仍然很貧窮，但已不是昔日那個國家。它的人均所得增為四倍多，超過一千五百美元——調整當地物價後約六千美元——預期壽命也連續十幾年提高到六十八歲。*嬰兒死亡率下降近三分之二，從一九八五年的每十名活產嬰兒死亡一名，到今日的千名活產嬰兒死亡三十七名。[1]雖然貧窮仍深入各地，且印度的種種現象仍然讓人驚嚇，但現代生活的表徵處處看得到：汽車、摩托車、高架橋、行動電話、超級市場、摩天大樓、客服中心、來去匆匆的行人、能源。儘管仍有不勝枚舉的醜惡和不公平，印度給人的感覺就像一位作家形容的，是一個「正在蛻變」的國家——雖然會變成什麼樣子還不清楚。[2]

把事情說清楚很重要。成長——我指的是即便是以ＧＤＰ衡量的不完美、粗糙的成長——有力量改變窮人的生活。經濟學家張夏準記得一九六〇年代在南韓長大的情況。在他出生前兩年的一九六三年，南韓人均所得為八十二美元，遠低於被認為潛力無窮的西非新獨立國家迦納，當時迦納的人均所得為一百七十九美元。張夏準記得南韓首都首爾的土壤是紅色的，所有樹木都被砍伐殆盡，供作木柴。當時自然資源較豐富的北韓被認為是朝鮮半島較富裕的一邊。現在南韓首爾是個步調快速的繁榮城市，到處可見巨幅的霓虹招牌、時尚商店、餐館和夜店。世界各國的人使用南韓智慧手機，開南韓汽車。從一九六〇年以來，漢江奇蹟已把南韓從一個比迦納貧窮的國家，變成和歐洲大多數地方一樣富裕。今日南韓的人均所得已接近三萬美元。南韓已進步成亞洲最自由的民主國家之一，南韓人在二〇一七年已自信到彈劾其濫權的總統。

當然，今日的南韓有其問題，其中許多與先進社會的壓力有關。自殺率很高，出人頭地和致富的社會壓力很大。許多年輕人經歷壓力鍋似的教育制度，擁有許多證書，但

*所謂的購買力平價（Purchasing power parity; PPP）是比較各國人均所得——或人均ＧＤＰ——的方法之一，就是調整各國水準不一的物價。在孟買理髮的花費比在紐約理髮便宜——部分原因是孟買的理髮師賺較少錢——這表示一美元在印度可買的東西比一美元在美國買的東西多。這個方法使比較國與國的所得更容易，但它本身也有許多技術問題。

找到滿意工作或攀至理想社會地位的前景卻黯淡無光。但我們不能把貧窮浪漫化，今日的南韓人過他們選擇的生活的機會，遠比他們的祖父輩大得多。整體來看，南韓人的進步遠超過迦納人，大多數迦納人至今仍然窮得無法創造自己的命運。在二〇一七年，南韓人比迦納人富裕八倍，原因之一就是複合成長的奇蹟。[3]

本書指出，成長並不像它字面上所指涉的——它往往不代表你以為它代表的意思。但如果你很窮，經濟成長可能帶來轉變。快速成長可以消除貧窮，其方法是創造工作——開闢道路、興建辦公區或設置客服中心——和提供政府稅收，讓政府用來重分配財富，以及興建實體與制度的基礎設施，進而帶來更多和更好的成長。[4]當然成長也會製造其他問題，把人從鄉下吸引到都市貧民窟，或讓道路塞滿吐柴油廢氣的車輛。但除非你嚮往農村的田園生活，成長在每個貧窮國家都是創造更好生活的原料。

這聽起來好像只是理所當然的事實，但數十年來，印度應該把成長擺在第一位的想法，並不是普遍接受的共識。對抗英國殖民主義的獨立運動領袖甘地（Mohandas Karamchand Gandhi），對印度村莊的生活抱持浪漫的觀點，影響了獨立後的思潮，把貧窮帶著近乎高貴意味的想法帶進國內的議論。印度第一任總理尼赫魯（Jawaharlal Nehru）是一位備受尊崇的思想家，他比甘地更支持開發和現代化，但他有強烈的社會主義和分配主義傾向。問題是可以分配的東西如此少。[5]尼赫魯在位期間受到蘇聯的影響，使印度變成一個中央計畫和保護主義國家，尋求建設重工業並阻擋許多消費者產品進口，企圖刺激地方生產。但這個建設國家的政策卻帶來意料之外的後果，即製造的所有產品都品質低落，且價格過高。

印度的領導人對成長抱持近乎懷疑的態度，擔心如果有人先從成長獲利可能導致社會動亂。尼赫魯的女兒英迪拉・甘地（Indira Gandhi）出任總理後，在一九七二年抨擊她所稱的經濟成長術（growthmanship）。她在演講中說：「把所有注意力都放在GNP的最大化可能帶來危險，因為其結果幾乎必定造成社會和政治動亂。」[6]

如果印度的政策是避免過度成長，它確實發揮了神奇效果，造成印度陷於世人所嘲諷的「印度成長率」。在一九四七年獨立後的四十年間，印度的GDP年成長率約為三・五%。如果不知道人口年成長率大約為二%，這種經濟成長速度聽起來還不錯。重要的是人均所得。以人均所得看，印度那段期間的經濟年成長率才略高於一%，完全不足以改善它的赤貧情況。

一九八〇年代末期，印度經濟在接踵而至的危機中震盪，外匯存底減少到幾近零。在沒有退路的情況下，政府終於迎向經濟改革。一九九一年，財政部長辛哈（Manmohan

Singh）獲得授權，執行一連串激進的措施：降低進口稅、減稅，和取消外來投資障礙。最重要的是，他廢除牌照制度（Licence Raj），也就是以極度繁瑣的許可、執照和法規控制工業和限制官商勾結貪腐機會的官僚制度。在整個一九九〇年代，成長開始加速，穩定上升到超過七％，達到一個可以讓經濟體規模每十年翻一倍的速率。後續的政府也採用加深改革的政策，對市場力量和外來投資開放更多經濟部門。到二〇一六年，印度已成為與中國競逐全球成長最快速寶座的大型經濟體。[7]

以敢言著名、臉上帶著淘氣神情的經濟學家賈迪什．巴赫瓦蒂（Jagdish Bhagwati）二〇一〇年在對印度眾議院發表演說時，讚揚成長對一般印度人的生活帶來的影響，他說有約二億人因而擺脫貧窮。他指出，制訂自由改革政策的人並非為了成長而追求成長，成長只是用來消滅貧窮的手段。他否認這些政策與備受批評的涓滴經濟學（trickle-down economics）有任何關聯；涓滴經濟學是積極為富人減稅的雷根推廣的政策理論。巴赫瓦蒂告訴國會，成長是「一套透過有利的就業讓貧民擺脫貧窮的策略，它本身不是目的」。

巴赫瓦蒂的立場與另一位著名的印度經濟學家阿馬蒂亞．沈恩（Amartya Sen）不同；沈恩是一九九八年諾貝爾經濟學獎得主，與巴赫瓦蒂年齡相當，兩人在一九五〇年代都曾在劍橋大學求學。（印度改革的擘畫者辛哈同一時期也在劍橋攻讀經濟學。）

沈恩反對「市場基本教義」，並強調他所稱的社會能力，亦即個人追求成就的自由與能力，例如較基本的享有食物、教育和醫療的能力，以及更高層次的表達政治意見、參與民主程序，或選擇個人生活方式而免於種族或性別歧視。

沈恩十歲時有一次在達卡家中的花園中玩耍，達卡現在是孟加拉的首都，但在分裂前是印度的城市。[8]突然有個男人大叫著衝進花園，背上帶著一處刀傷。那是個印度教徒和穆斯林暴力衝突不斷的時代。帶著刀傷的人是名叫米亞的勞工，在以印度教徒為主的社區工作，並遭到當地的暴徒攻擊。心靈受到刺激的小沈恩給他水喝，他父親急忙把受傷的男人送往醫院。米亞在送醫途中說，他妻子提醒他不要在這段動亂期間到印度教徒住的地區，但他沒有別的選擇，因為他需要打零工賺取微薄的工資來為家人買食物，否則他們完全沒有東西可吃。沈恩寫道：「他的經濟不自由換來的懲罰，是在他被送到醫院不久後死亡。」對這位後來成為諾貝爾經濟學獎得主的男孩來說，這個事件讓他清楚看到貧窮與不自由的關聯。

根據沈恩表示，發展的目的是「擴大人們享有的真自由」[9]，儘管發展的概念經常被粗糙地簡化為經濟統計數字。他寫道，經濟成長可以提供個人必要的金錢，以解脫「不自由」，即缺乏塑造自己生活的選擇。沈恩舉例解釋說，藉由確保人們獲得醫療和教育等基本權利來擴大人們的自由，對成長也有幫助。但在沈恩的思想裡，自由——免於不自由的自由——應被視為發展的必要條件，而非成長的必要條件。

巴赫瓦蒂和沈恩的立場像是同一枚銅板的兩面：一面認為成長可以減少貧窮，一面認為貧窮阻礙自由。但兩人論點明顯的兼容性，並未避免他們之間火爆和惡性的爭論。在巴赫瓦蒂對國會發表演說後，沈恩告訴《金融時報》在數以千萬計的印度人還營養不良時，印度政府把雙位數成長列為優先目標是「愚蠢」做法。[10]

巴赫瓦蒂嘲笑沈恩是「經濟學的德瑞莎修女」，指控他對成長的好處了解過於粗淺，以致敵視印度需要的促進成長改革。他寫道：「印度的重大重分配不可能發生在成長之前，因為財富太少且貧民太多。」如果想平均地切一塊餅，你得先有一塊餅。沈恩以典型的謾罵文字寫道：「把馬車放在馬前面；馬車就只是一輛廢車！」

經濟學家間的論戰在二〇一三年大選期間更加白熱化，這一次是獨立後支配印度政壇的尼赫魯－甘地家族的後代拉胡爾·甘地（Rahul Gandhi），和非出身政治世家的茶商之子納倫德拉·莫迪（Narendra Modi）捉對廝殺。莫迪是備受爭議的古吉拉特省省長，以支持企業的務實作風聞名，但因為在二〇〇二年近八百名穆斯林遭屠殺時袖手旁觀，而受到嚴厲抨擊。莫迪是一個極端的人物，巴赫瓦蒂和沈恩因而也採取兩極化的立場。巴赫瓦蒂支持莫迪，沈恩反對。

更廣泛地說，沈恩是許多懷疑那些名目成長數字對印度有什麼意義的人之一。他對那麼多貧民持續生活在悲慘中，包括他宣稱普遍的營養不良現象，[11]和對富人生活的奢侈感到震驚。富裕的印度人以極度炫富的消費聞名：一位印度礦業大亨曾邀請五萬名賓客到班加羅爾一座仿都鐸式城堡參加他女兒的婚禮，浪擲八千萬美元。[12]印度的億萬富豪人數也急遽增加，許多富豪心中並不顧念社會良知。在有數百萬人住在骯髒貧民窟的孟買，印度最有錢的人安巴尼（Mukesh Ambani）興建一棟二十七樓高的房子，號稱是斥資十億美元打造的「立體宮殿」。沈恩舉孟加拉做比較說，孟加拉雖比印度貧窮，但貧民（特別是女性）享有比印度貧民高的預期壽命、免疫接種率，和生育控制率。[13]換句話說，沈恩認為，孟加拉以較少的ＧＤＰ達成較高的發展。

巴赫瓦蒂反駁沈恩的假設。他強調他所稱的貧窮降低的數字，和印度成長達成的社會指標進步。他說，成長「是必要條件，不是充分條件。ＧＤＰ愈大，你享有的能力就愈大——如果你有良善的意圖」。

這兩個人的思想論戰看起來可能很瑣碎。歸結到根本，巴赫瓦蒂說，你需要成長來創造資金，以花費在健康和教育上；而沈恩說，你需要良好的健康和教育，才能創造成長的必要條件。他們的爭議焦點牽涉事情發生順序的關係，多過於想要的結果。

他們的論爭在學術殿堂上激烈進行，但在輿論的廣場上勝敗的判決似乎不言而喻。莫迪贏得壓倒性的勝利。我密切關注這場選舉，在關鍵的二〇一四年數度走訪印度。選舉投票日前兩週，莫迪看起來已勝券在握。我在文章中寫道，長期執政的國大黨落敗的原因是沒有認清印度已經改變了多少。十五年的成長雖未創造出奇蹟，但已減少了許多赤貧人口，使得人民減少仰賴國會的貴族政治。

我寫道：「大多數印度人不再滿足於國會愈來愈擅長的短期工作計畫和施捨糧食，許多人已嘗過更好生活的滋味，現在他們要的是就業和機會。即使是那些尚未爬上渴望階梯最底層的人也看過它的樣子，這要歸功於衛星電視頻道把中產階級生活的影像傳送到全國各個最封閉的角落。」[14]

許多印度人已從一位經濟學家所稱的「請願階級」畢業，進入一個渴望階級。[15]印度的菁英未能了解十五年的成長所帶來的改變。而莫迪看到了經濟成長能有多大的吸引力和帶來多大的轉變。

瑞典學者羅斯林（Hans Rosling）二〇一七年二月去世前不久，我和他討論貧窮國家的成長問題。羅斯林是極為罕見的明星統計專家。[16]他是ＴＥＤ談話節目的大師——他在節目中使用動態泡沫圖表來呈現資料，並以套在一根長木桿末端的一隻橡膠手指示那些圖表——他自稱為「教育娛樂者」（edutainer）。雖然他反對樂觀主義者（optimist）這個詞，但他也是一個樂觀主義者。[17]他相信貧窮國家已逐漸縮短與西方富國間的差距，這個趨勢從基本健康資料如嬰兒死亡率最能清楚看出。這是領先指標，象徵這些國家已踏上發展之路，最後將發生他所謂的「從燈泡到洗衣機」的轉變。和我一樣，羅斯林認為這種全球生活水準的收斂是一件可喜可賀的事。

在我們一個小時的談話中，他先為成長辯護。「你現在是在和一個瑞典的公共衛生科學系的全球衛生學教授談話，而瑞典是全世界最愛課稅的國家。」他幾乎是刻意用他唱歌般的瑞典腔說話，然後停頓一下以製造滑稽效果。「而我說『我愛錢，我愛GDP』，因為對我來說，GDP從來不是最後結果的衡量，它一直是一個投入（input）的衡量。『這是你擁有的東西，現在你可以用它來創造一些東西。』」

成長本身不是目的。但若善加管理成長，它可以變成改善人們生活的魔塵。「許多年前我做了一項研究，比較人均GDP和兒童存活率。而人均GDP解釋了世界各國兒童存活率的八〇%。」[18]換句話說，較高的所得和較好的健康之間有很清楚的關聯性，在這個例子是以兒童存活率來衡量。但這種關聯性無法解釋一切，也無法解決成長或較健康的人口哪一個先發生的爭議。

羅斯林的數字也顯示，在二〇%的例子裡，政府的政策可能出差錯。非洲南部的安哥拉就是一個例子，它在本世紀前十五年飛快地成長，直到原油價格崩跌。但在成長的那段期間，安哥拉未能把雙位數的成長轉變成大多數人民更好的生活，主要原因是大多數財富流向與多斯桑托斯（José Eduardo dos Santos）領導的政府有關係的少數人。執政三十七年的多斯桑托斯終於在二〇一七年下台。儘管這麼多年來的成長，安哥拉在二〇一七年的嬰兒死亡率高達千分之九十八，預期壽命只有五十三歲，在所有成長國家中敬陪末座，且落後許多名目上更貧窮的國家。

安哥拉失敗的部分原因——除了錯誤的政策和分配外——是它的成長歷史如此短。要把經濟成長轉變成福祉需要時間。（這表示成長有時候可能在健康改善之前發生，一如巴赫瓦蒂所主張的。）「你無法在超級市場購買健康。看看科威特、沙烏地阿拉伯和阿拉伯聯合大公國。它們有錢，但花了二十五年才把錢轉變成社會福利和健康。」儘管如此，健康和經濟成長的關聯性十分緊密。「世界上沒有一個人均所得超過二萬美元的國家有高兒童死亡率，也沒有一個人均所得低於一千美元的國家有低兒童死亡率。因此資本主義者的地獄並不存在，共產主義者的天堂也不存在。」[19]

健康的大幅改善會發生在從低中等所得地位（像印度和印尼）移往高中等所得地位的國家（像中國）。這大約發生在名目所得四千美元時。[20]這種大躍進相當於從印度轉變成中國。但就健康來說，從中國轉變成歐洲或北美並不會帶來很大的不同。另一個說明方式是，健康大幅改善可以在相當低的所得水準達成，約在人均所得約四千美元時。

過了這個水準後，健康的進步開始減緩。由於包括疫苗和抗生素的基本藥品進步，健康可以用較低的成本獲得。今日的越南人經濟水準約與一八八〇年代的美國人相當，但他們的預期壽命和一九八〇年代的美國人一樣。在健康方面，越南縮短了一百年的進步時間。[21]

羅斯林對不平等也有話要說。貧窮國家的起飛無可避免地會伴隨著不平等擴大，因為不是每個人都能立即擺脫貧窮。他舉衣索比亞為例，這個一億人口的國家正在快速成長，並把成長轉變成健康的改善。「他們同時做這兩件事。但當你把社會切成五分位數，你將發現衣索比亞的不同部分情況各不相同。」例如，以衣索比亞整體而言，女性生育嬰兒比以前少很多，二〇一五年為四．六個，相較於一九九〇年代的七個。[22]但這掩蓋了懸殊的差異。在偏遠的鄉下地區，女性仍生育許多小孩，但在快速成長的首都阿迪斯阿貝巴，生育率已降低至不到二個嬰兒，比倫敦還低。

如果他說的對，那麼貧窮國家如果把平等列為優先目標，特別是在成長的初期階段，可能不是明智之舉。「非洲無法在下個十年內降低人口中的不平等。他們必須向前衝，高教育的非洲人必須獲得更好的醫療服務和教育，然後其他所有人必須跟隨著改善。」他說。長期來看，需要靠政策來縮短差距和重分配一部分創造的財富。如果不這麼做，將難以避免社會摩擦或更糟的情況。「但貧富的差距可能要十年到二十年後才會逐漸縮小。」鄧小平也提出相同的主張。這位為中國擘畫轉型成長道路的人也以他的格言修正共黨的平等主義原則而聞名：「讓一部分人先富起來。」

羅斯林說，成長和社會進步可以彼此強化。更多錢帶來更好的社會福利，而如果採取明智的政策，更好的社會福利可以創造更多錢。他提供一帖把成長轉變為發展的藥方。「保持體制的進步。保持種族和區域的和平。用納稅人的錢投資在人身上，投資於學校和基本醫療，投資於傳染病控制。對香菸課稅，然後讓民間部門繁榮興旺。如果你能聰明地做這些事，你就能起飛，正如我們看到南韓做的，正如我們看到許多國家能做的。」

基本的健康和教育會自動跟隨成長而改善嗎？他回答：「它們從來不會自動發生，從來不會自動。」古巴就是一個他稱為「愚蠢經濟學」的例子，未能把它絕佳的社會指標轉變為成長。「我有一次在哈瓦那的衛生部演講。我受邀到那裡，因為我的政治立場中立。演講結束後，教育部長說：『這個教授證明古巴人是貧窮國家中最健康的。』然後每個人都鼓掌。」羅斯林笑道，嘲弄那位部長錯誤的邏輯。「在走出演講廳時，一個很聰明、勇敢的年輕統計學家在我耳邊小聲說：『我們不是貧窮國家中最健康的，我們只是健康國家中最貧窮的。』」

第九章

黑力與綠力

所有這些成長都付出代價——生活的破壞、空氣和河水的汙染，以及無法永續的剝削自然資源。人們已知道必須用更好的方法來衡量進步，這種方法應可計算這種爆炸性成長的好處和壞處。

他們稱它為「空氣末日」（Airpocalypse）。二〇一五年十一月，濃密的有毒霧霾籠罩有二千二百萬人口的中國首都北京。大部分霧霾從鄰近的河北省和山西省吹來，這些省分有許多燃煤的工廠和發電廠，協助創造了中國的經濟奇蹟。到十二月，世界各國領袖聚集在另一個大陸，參加巴黎氣候變遷會談，北京的網民群起暴動。

中國政府的行動是發出歷來首次空汙紅色警報。這表示關閉三千二百所學校，並勸導兒童留在室內。民間車輛規定按車牌號碼每隔一天才能使用，一口氣讓道路減少二百五十萬輛汽車。敢於開車上路的人都得打開汽車大燈，才能透視濃重的霧霾。天安門廣場籠罩在黑暗中，沉重含硫的空氣懸浮在世界最大的群眾集會場，環繞巨大的毛澤東畫像和紫禁城古老的牆壁。即使是最龐大的建築，包括為二〇〇八年奧運興建的鋼纏繞結構鳥巢體育館，在骯髒的空氣中也依稀難辨。烤肉被禁止，中國人最愛的休閒活動放鞭炮也在禁制之列。工廠關閉，營建停工。

儘管如此，許多北京居民仍照常外出，在陰森的公園裡隨著喧譁的音樂跳有氧操，或在濃霧中走路去上班。一名外國記者在目睹一場小抗議——或抓狂——後，在推特寫了一段即興的「北京俳句」：❶

長凳上的男人在紅色警戒霧霾中

拉下他的口罩
吸著一根菸

我對北京危險的空氣有很豐富的經驗。在罕見的天空呈現清新的蛋殼藍時，北京是個迷人的城市，但在空氣轉成汙濁時，這個中國古都呈現出地獄的景象。皮膚在充滿化學物質的空氣中感到刺痛，肺部因黏液和灰塵而喘息。在糟糕的時候北京的空氣品質指數會超過二百。我們知道指數是因為美國大使館開始在它的屋頂測量空氣品質，並透過社群媒體公布資料，讓中國當局難堪。根據美國的標準，空氣品質指數超過五十就已達到安全上限，雖然北京居民把一百以下視為安全無虞。美國大使館在二〇一四年二月二十五日週二發出的推文可作為代表：「四四〇，危險。健康警告：可能對人造成嚴重健康影響，請避免體力勞動和戶外活動。」一名美國官員曾描述一次超過五百的指數為「瘋狂的糟糕」。在空氣末日期間，指數高達一千以上。

中國的空氣汙染物質包括硫酸鹽、臭氧、黑碳、沙塵、汞和酸雨。由碳組成的煤煙粒子是由汽車、爐灶和工廠產生的，直徑不到二．五微米，可深入肺組織，讓肺更易於吸收其他毒物。這可能導致氣喘、支氣管炎、呼吸短促和慢性呼吸道疾病。《刺胳針》（*Lancet*）估計，二〇一〇年中國的空氣汙染造成一百二十萬人提早死亡，占全世界類似

原因的死亡總數四〇%。❷

從健康的觀點看，美國大使館屋頂散播出去的資料比中國政府——和大部分中國民眾——多年來著迷的成長數字重要很多。但直到不久前，懸浮粒子的資訊還受到嚴格控管。

到了二〇一七年，從國家主席習近平以下的所有中國人對環境的意識都已提高，但即使如此，舊的偏執觀念仍難以擺脫。那一年有許多觀眾表達對一齣爆紅電視劇裡的一個角色深感欽佩，這齣五十二集的連續劇叫《人民的名義》，被一些人形容為中國的《紙牌屋》（*House of Cards*）。其中一個角色是名叫李達康的地方黨書記，他展現出一心一意追求經濟成長的意志。李達康說：「拆毀舊中國沒有什麼錯。」他解釋為什麼中國必須推動發展，即使面對公眾的抗議也不退縮。「不拆毀舊的，就不會有新的。」

根據《紐約時報》的評論，李達康「有時候忽略了一意追求成長的負面效應。他確實想保護環境，但他對ＧＤＰ的執迷為他贏得許多觀眾的讚賞，並激發網路創造的許多名句」。其中一個句子是：「絕不低頭，低頭就會讓ＧＤＰ下降。」❸

在空氣末日之前六個月的二〇一五年四月，在一個潮濕的白天，我搭計程車穿過北京壅塞的街道。天空是一片籠罩整個北京市的灰幕，但以首都可憐的標準來看，空氣還算不錯。我搭的老爺車沿著二環路（現在已經有七環）慢慢前進，經過雍和宮，這是一座藏傳佛教寺院，最早在十七世紀時曾是宮廷太監的居所。我們繼續開往這座大城市的郊外，未來風的摩天大樓逐漸讓位給較不起眼的建築，最後來到一棟方正的沙色建築，裡面是中國科學院。

我來這裡會見牛文元。這位身材矮小、約七十五歲的男人帶我進他的辦公室，他在我們九十分鐘的會面中不斷鼓勵地對我說的話微笑和點頭。牛文元的臉像許多同世代的中國人一樣，刻畫著線條粗糙的威嚴。他是一位著名的經濟學家、國務院（中國的內閣）參事，二〇一一年獲得中國政府為他對環保和永續成長的努力頒授的獎項。他也是中國「綠色ＧＤＰ」的發明者。

辦公室裡有牛文元與許多中國領導人的照片，包括前國家主席胡錦濤和前總理溫家寶，兩人在二〇一二年習近平接任前領導中國十年。當牛文元說到重點時，他雙手會誇張地在空中比畫。說完話後，他會抱著雙臂，和善地面露微笑。在整個談話中，他用一只樸素的銀杯喝香片茶，他的祕書不時會以滾燙的熱水重新加滿它。

他極為含蓄地告訴我，計算經濟產值是一件「有趣而複雜」的事。他說中國從一九九二年正式開始計算ＧＤＰ，在此之前採用的是蘇聯的國家帳系統，稱為物質產品核算體系（MPS）。MPS反映出蘇聯強調重工業，幾乎未計算被視為可有可無的服務業。一直到中國的第七個五年計畫（一九八六－一九九〇），幾年前在實質上已放棄共產主義的共產黨才改變衡量經濟的方法。中國希望調和自己與非共產世界計算經濟的方法。

從那時候起，中國便以皈依者的熱情擁抱GDP。對共產黨來說，持續達成快速的經濟成長已變成其正當性的主要來源。張藝謀拍的電影《活著》裡一首父親念給兒子聽、兒子後來再念給孫子聽的詩，在中國從農奴社會經歷共產主義、再到國家資本主義的背景下，為物質進步的理想做了總結。

咱們家現在也就是一隻小雞，
雞養大了就變成了鵝，
鵝養大了就變成了羊，
羊再養大了就變成了牛，
牛以後就是共產主義啦！就天天吃餃子，天天吃肉啦！

共黨藉由為赤貧的農民帶來愈來愈富足的生活，來為它壟斷權力取得正當性。對黨幹部來說，在共黨的位階升遷——正如虛構的黨書記李達康——取決於在地方層次創造經濟成長的能力。在晚近經濟減緩之前的年代，絕不能讓成長跌破八％以下，否則將引發一場社會動亂，幾乎已成為一個信條。在爭奪最高權力時，只有那些來自高速成長省分的黨官員敢於冀望躋身黨的最高位階。

牛文元對不計代價追求成長不以為然，但就像許多中國的自由思想家，他學會在言談中掩飾他的想法而不公開挑戰共黨教條。他一開始並不斥責成長，而是讚揚它。「GDP是衡量一國財富很重要的工具，截至目前沒有替代的方法比得上它。」他笑著說：「你也知道，GDP被稱為二十世紀最偉大的發明之一。雖然目前計算GDP的方法有其缺點，但更好的方法還未發明出來。」

一九八六年中國開始研究聯合國的國民經濟會計制度，並重新建立回溯到一九五二年的國民所得帳，距離共黨一九四九年取得政權只有三年。創立人民共和國的毛澤東以近四分之一世紀的時間，帶領一場破壞性的集體化和企圖讓經濟起飛的實驗。毛澤東的大躍進（一九五八－一九六二）是一場代表性的災難，雖然至今談論它仍是個禁忌。為了趕上工業化國家，毛澤東下令把農業集體化成效率反而大幅降低的單位，並且建造無用的後院熔爐，以鍋壺為原料冶煉鋼鐵。雖然穀物生產因為錯誤的實驗而銳減，地方政府謊報收成以符合中央命令的目標。在浮誇的豐收誤導下，中國繼續出口穀物以賺取外匯。中央計畫者只有最粗糙的計算手段，對實際發生的情況毫無概念。不計代價的工業化帶來普遍的饑饉，造成多達四千六百萬人死亡。[4]

用新的成長指數計算的歷史資料顯示，中國在共產主義年代的經濟表現極度不穩定，一些年分的成長超過一〇%，穿插著災難性的衰退期。在毛澤東大躍進最高點的一九六一年，經濟萎縮達到驚人的二七%。但從一九九〇年代初完全採用新會計方法後，情勢開始改觀。從一九九二至二〇一〇年，中國以遭到質疑的連續性幾乎每年達到約一〇%的成長，[5]從一個貧窮的農業經濟體躍升為現代經濟大國。

得來的成果令人驚嘆。一九七九年的人均所得是可憐的二百七十二美元，那一年鄧小平開始採用市場導向的政策，容許農民出售剩餘農產品，並建立自由貿易加工區以吸引外來投資。到二〇一五年，人均所得已激增到八千美元，推升中國穩穩地躋身中等所得地位。由於有龐大的人口，中國在世界舞台變成一個舉足輕重的強國。在二〇〇〇年，中國的經濟超越所謂七大工業國（Group of Seven）之一的義大利。二〇〇五年，中國趕上法國，二〇〇六年英國，二〇〇七年德國，然後在二〇一〇年——最甜蜜的時候到來——它取代死敵日本，成為世界第二大經濟體。只有美國還擋在它稱霸世界的路上。軍事支出跟隨著中國新發現的財富而大幅增加。

然而，牛文元變得較嚴肅地說，所有這些成長都付出代價。和毛澤東的大躍進時代一樣，它付出的代價——生活的破壞、空氣和河水的汙染，以及無法永續的剝削自然資源——是中國共產黨不能也不會承認的。他說，人們已知道必須用更好的方法來衡量進步，這種方法應可計算爆炸性成長的好處和壞處。所以，他著手發明一套這種方法。

「我的研究小組和我率先發表一篇文章，提出綠色GDP的概念。」他說。主流的GDP只計算你在市場上交易的東西，無法衡量可用來「維持穩定的力量和道德的力量」，他補充說，讓人聯想起羅伯特・甘迺迪（Robert Kennedy）的名言，說GDP衡量所有東西，「但讓生活有價值的東西除外」。

「我們使用的方法還很粗糙，」他承認他研究的替代衡量方法還未臻完美。「我們拿目前的GDP數字，去掉我們認為是錯誤或計算不正確的部分。我們藉此得出較接近真實GDP的東西。」

牛文元說，他的方法有三個要素。第一是先假設你不應「過度消費」環境。如果你需要一堆煤和一百單位的電力，但你用了三堆煤和三百單位電力，那麼這個過程中「被浪費」的部分就不應被計算。超過的部分應被「丟掉」。

第二是「錯誤」製造的成長。「我舉一個例子，」他說，眼睛閃著亮光。「某個縣有一位姓張的黨書記，他決定挖一塊地，在挖的過程中他創造了GDP。後來一位姓李的黨書記說『你不應該挖這塊地，請把洞填起來』。」牛文元搖頭嘆息，好像張同志和李同志之間的這種歧見經常發生——而且可能是以很大的規模發生。「這種管理錯誤可以避免，它們不應被計算。」他說。

附帶一提，在我們嘲笑中國人挖洞、又填洞，然後稱它為經濟活動前，我們應該承認，在西方我們也無法免於這種統計的伎倆。我最喜歡的例子是把黃金從地底挖出來，然後儲存在銀行。借用一位著名經濟學家的話：「人類從地下挖掘出黃金，只是為了把它藏回諾克斯堡（Fort Knox）的地窖。」❻

牛文元的第三個要素是他所稱的「社會成本」。他說，如果社會關係和諧，犯罪和社會抗爭很少，就不需要花很多錢在維持秩序上。「如果脫序的比率較高，就需要更多警力來維持和平。」他說，語氣像中國的顧志耐。「這也會製造ＧＤＰ，但我們不該計算它，因為它是不必要的。我們想要的是這種成長嗎？」

牛文元提議的綠色ＧＤＰ目的在於計算經濟學家所稱的外部性（externalities）。負面的外部性是經濟產值未記錄的副作用。例如，一家製造鋼鐵或塑膠的工廠，可能因為傾倒有毒化學物質或塑膠塵粒而對河流和空氣造成嚴重傷害。在它製造產品和獲利——被記錄為經濟活動——的時候，每個人卻付出健康受影響和繳納更高稅負以支付清理費用的代價。這些是製造商可以悄悄轉移給社會的隱形成本。主流的成長計算不但未以負數記錄這些成本，反而往往以正數記錄：疏浚受毒害的河流、治療癌症病患，和給提早死亡者隆重的葬禮都被計算為經濟活動。一位評論家描述我們衡量成長的方法為「統計的自助洗衣店」，以方便社會的罪惡神奇地消失。[7]外部性也有好的，它們是未納入計算的活動或資產的利益。在城市裡創造一塊綠色空間，看起來可能是增加經濟的負擔——想想你可以在那裡蓋一座鋼鐵廠——但公園以休閒、釋放壓力和有益心靈等可能節省醫療費用的形式，創造隱形的經濟利益。

牛文元的新方法為的是暴露負面外部性的隱形成本。但他溫和、有點折衷的提議在一個以成長最大化為最高目標的一黨專政國家，具有高度顛覆性。中國不但對環境造成難以估計的傷害，它的政治制度也帶來隱形的社會成本。例如，中國的成長引擎之一向來是把農地轉變成生產能力較高的工業用地。地方政府官員傾盡全力滿足中央命令的成長目標——在過程中也趁機中飽私囊——已使執行的方法臻於藝術。他們強迫農民遷離農地，提供微薄的補償或完全未補償。然後土地被賣給工業或房地產開發商，一夕間憑空創造出金錢和成長。

中國的許多成長——確實是從一個前工業經濟轉型為一個現代經濟——來自把一種東西轉變成另一種：年輕的農村女人變成工廠勞工、地下的煤變成能源和汙染、公社土地變成私人房地產。成長往往是把原有的東西貨幣化的動作。和其他國家一樣，這種成長有隱形的成本：環境破壞、社會錯置、不平等，以及就中國而言的債務惡化——到二〇一七年高達GDP的二五〇%——只為了讓成長持續。[8]這並非特別針對中國成長模式的批評，也不是說這種利弊交換不值得。它們可能只是成長的代價，但我們執迷於成長的問題出在不計算其負面代價。如果你只衡量等式的一邊，就不能稱它為利弊交換。

對牛文元來說，壓迫自己的人民不應該在成長中被記錄為正數，而是應被扣除的負數。同樣的，要計算一個挖錯的洞——這指的是大而無當的水壩、沒有用處的道路和多餘的鋼鐵廠——就是把應記在帳簿負方的數字記在正方。他說，把環境破壞計算為成長，而未來的世代必須花錢清理它，則是錯誤的做法。「如果你犯錯，你編製的GDP就不真實。」他說。

「二〇〇六年時，我們想公布綠色GDP，但是沒有成功。」牛文元曾告訴另一位訪問者[9]：「政治壓力是原因之一；地方官員覺得綠色GDP破壞他們招徠投資的機會。另一個原因是綠色GDP太複雜，公眾不了解它。」五年後他堅持不懈地再度提出他的GDP質量指數，是初始提議的簡化版本。省級領導人仍然反對，所以牛文元的指數依舊只是學界的研究，而非官方政策的推手。

儘管如此，牛文元的小團隊已編製出中國的「真實」成長率——調整廢棄物、環境破壞和社會失調等因素——數字。但它們充滿爭議，不方便，且某種程度的不透明。「我們得出粗略的計算，但沒有對外公布。」他含糊其詞地說。在追問下他承認，根據他的計算，「中國公布的GDP約有三分之一是不真實的。」

「我們不應盲目信仰GDP，但我們不應放棄GDP。」他在另一個場合上說：「我們的目的，是擁有一個消耗較少天然資源的GDP，對環境傷害較小，社會管理成本也較低。我們要理性而真實的GDP。」[10]

牛文元是一個理想主義者。他追求的是一個沒有經濟學家——也許是沒有社會科學家——發現的東西：如何量化他所稱的綠色理念。他說，他的最終目標——聽起來似乎太天真而與狂熱追求中國現代化不同調——是發現「人們心中的綠色」。他說，只有「當人們變得更智慧時，GDP才會是綠色」。

二〇一三年三月，上海的居民一覺醒來發現，數千隻豬的屍體沿著一條市郊的河漂流而下。幾年前中國在籌辦二〇〇八年夏季奧運時，一片神祕的海藻開始在海岸邊往外擴散——像一些恐怖電影的情節，危及青島港市的一場帆船比賽。等當局開始控制災情時，海藻已沿著東部海岸擴散幾百哩。國有媒體淡化該事件，引述科學家說海藻暴增是自然現象。中國的環保人士不以為然，怪罪海藻奇觀是工業汙染和養殖漁業造成。「海洋的自然生態系已被摧毀，所以才會發生這種奇怪事件。」「拯救中國海洋網」協調員溫波說。[11]

五分之二的中國河水已不能飲用，六分之一已嚴重汙染到不適合任何用途。世界僅有的四種淡水豚之一、有長江女神之稱的白鱀豚，在存活於地球二千萬年後，已因汙染而瀕臨絕種。雖然空氣汙染吸引最多媒體注意，土壤侵蝕也一樣嚴重。⓬土壤占地球表面只有幾吋——最多只有幾呎。一旦遭到過度耕作、風颳或沖刷流入河流和海洋，只有經歷漫長的地質時間才能自然替代。根據估計，中國的土壤侵蝕速度是自然替代的三十到四十倍。中國各地也有許多「癌症村」，例如雲南省的興隆村，當地一家化學廠傾倒了數千噸含鉻——已知的致癌物——的廢棄物在附近山區和河流。

持平而論——許多有關經濟擴張負面影響的討論不見得公平——中國的成長也帶來許多利益。空氣汙染可能每年造成多達一百二十萬人提早死亡，但同樣真實的是，中國驚人的經濟進步也帶來預期壽命的大躍進，從一九四九年的三十五歲增加一倍多到今日的七十五歲。這種進步超越大多數其他國家的進步，也反映大多數人生活水準的大幅改變，帶來了更好的食物、更好的醫院，和更好的住屋。

中國的成長是否威脅地球——以及它自身的永續性——是任人推測的事。從一七九八年教士兼學者馬爾薩斯（Thomas Malthus）寫《人口論》（*An Essay on the Principle of Population*）以來，人們就一直預測地球已達到其自然極限。馬爾薩斯認為人口成長將永遠超過農業生產的改進，將導致生活水準停滯和最終的災難降臨，但他的看法至今備受嘲笑。馬爾薩斯像一個永遠預測股市崩盤的分析師，他的鬼魂不得不眼看世界持續挺向多頭市場的領域。[13]當然，饑饉、戰爭和瘟疫經常發生，但世界人口呈現級數性成長，儘管還有許多貧窮存在，人類社會已比以往富裕得多。

工業成長的模式之一是，各國在開發初期階段會帶來汙染，但隨著財富增加和科技進步，汙染會被清除。以倫敦為例，它直到一九五二年之前都還是濃霧汙染的城市，空氣骯髒到有時候白城的賽狗場必須停止比賽，因為狗兒看不清牠們要追逐的機器兔。

一九五二年的倫敦聽起來像二〇一五年的北京，但一些人認為中國的工業化可能是壓垮地球的最後一根稻草。那是因為中國的規模。其他國家在逐漸富裕起來時都設法把汙染的工業遷移到較貧窮的國家，就像一場傳遞包裹的遊戲。製造美國和歐洲產品的大部分汙染都被委外到中國。問題是，當中國終於也變富裕，它能不能把包裹也傳給別人，像是非洲？或者現在全球製造的總包裹已大到無法丟給其他國家？隨著中國縮短與美國的財富差距，光是中國的二氧化碳排放會不會就足以導致氣溫上升到無法永續的水準，引發全球氣候模式的災難性改變？如果中國無法複製其他國家在攀爬工業化階梯時使用的伎倆，那麼馬爾薩斯二百年前做的預測可能就會應驗。

當然中國可能藉由應用科技、從製造業轉型到服務業，以及逐步修復已經造成的破壞來收拾汙染的爛攤子，但要這麼做必須先認清問題。從一些方面看，中國已開始這麼做。國有媒體中國中央電視台前新聞記者柴靜，把她出資製作的一部紀錄片上傳到網路，片名叫《穹頂之下》，記錄山西省煤礦造成的環境災難。這部影片最沉痛的一幕是柴靜問一名六歲的小女孩她是否看過星星，她回答沒看過。

影片引發極其強烈的反應，雖然很快被中國的審查員移除，但下載次數超過一億五千萬次。儘管如此，當時的環境部長讚揚這部影片，拿它與一九六二年瑞秋．卡森（Rachel Carson）批評化學業、並被讚譽為刺激現代環保運動的書《寂靜的春天》（*Silent Spring*）相提並論。即使在影片公開之前的二〇一四年，中國總理李克強就已對「空氣汙染宣戰」，並稱霧霾「是大自然向粗放發展方式亮起的紅燈」。

我們應該審慎看待中國領導人的說詞，但我們也必須知道情況已改變許多。正如一篇報導指出，北京「已變成一個綠能大國，把再生能源設定為戰略產業。中國的風力發電產能占全球逾三分之一；太陽能產能占四分之一；最大的十家太陽能面板製造商有六家在中國；最大的十家風力渦輪機製造商有四家在中國，去年的電動汽車銷售數量超過世界其他國家的總和」。[14]

北京轉向再生能源——包括核能——受到一個阻礙，即中國距離趕上西方生活水準還很遙遠。這表示需要多年的快速成長，雖然北京的領導人已逐漸降低對未來成長的預期——從短短幾年前的雙位數比率降至不到七%。雖然非化石燃料能源的比率逐漸增加，骯髒能源的絕對數量還持續增加。中國官方二〇一六年公布，煤能源的生產未來五年可能增加五分之一。[15]

中國正在改善的一些項目，包括空氣品質，牽涉某種國內的包裹傳遞。二〇一六年頭三個月，北京的PM2.5（細懸浮微粒）濃度已比前一年同期下降二八%，反映聯合取締行動的成果。根據綠色和平組織的資料，上海的空氣改善了一二%。但雖然鄰近北京的河北省關閉燃煤發電廠，法規較鬆弛的中部和西部省分仍在興建新廠。在接受這項調查的城市中，有九十一個城市報告空氣汙染增加。[16]

儘管如此，倫敦經濟學院二〇一六年進行的研究發現，中國的碳排放將在二〇二五年觸頂，甚至現在可能已經觸頂。研究認為許多預測太過悲觀，因為中國的經濟已經從重工業轉向碳密集較低的科技和服務業。中國首席氣候談判官員解振華說，中國的碳排放還未觸頂且仍在增加，原因是隨著都市化而來的營建和擁有汽車。但他也說，碳排放可能因為中國政策的轉變而很快穩定下來。「在現實中，我們的二氧化碳排放仍在增加，但我們正在做極大的努力。」[17]

政治情勢也開始改變中。牛文元的綠色GDP開始受到重視。二〇一五年中國環境保護部再度提出，省級官員的績效一部分應以環境改善的進展為準。在二〇一四年，七十個較小的城市和縣放棄以GDP作為政府官員的績效標準，把環保和減少貧窮列為優先。

那年夏季國家主席習近平告訴黨官員：「我們必須同時檢視看得到和看不到的成就。我們不能再只用GDP成長率來決定誰是黨的英雄。」[18]

在國際上也是如此，北京已從被動轉變成積極的世界領導國。儘管川普帶領美國退出巴黎氣候協議，北京與歐盟仍同意加速具有歷史意義的放棄化石燃料的進程。北京國際關係學院的王輝指出，華盛頓退出給了中國領導的機會。「川普是一個生意人，強調美國的利益而非共同的利益。中國和歐洲現在必須努力共同承擔我們的國際責任。」[19]

隨著綠色科技進步，有關成長與汙染利弊交換的爭議可能證明只是為了轉移注意力。這種明顯的利弊交換，有一部分只是因為我們未正確地衡量事物。讓人們生活悲慘和早死的那部分「成長」真的配掛上這個詞嗎？對《人民的名義》中一心追求成長的地方官員李達康的讚揚，意謂不是所有中國人都贊成他的看法。也許你正想擺脫貧窮，你不計方法和代價地想要成長。但即使李達康也可能同意，最好有充足的資料讓人們可以更正確地判斷做的是什麼利弊交換。

記者兼中國環境觀察家喬納森．沃茨（Jonathan Watts；中文名為華衷）二〇一二年離開中國時，發表一場紀念演說，指出北京在他停留中國九年間幾乎未做任何政治改革，但在環保改革上卻達成許多大躍進。他列出反沙漠化運動、植樹計畫，和制定環保透明法，設定碳目標、生態系統服務補償，生態會計、限制水使用、降低經濟成長目標、第十二個五年計畫、辨識並加強監視ＰＭ2.5，以及投資在再生能源和乾淨科技。

當然這不表示中國已經乾淨許多。在這九年間，中國的經濟規模擴增為四倍，道路上的汽車數量增為五倍，碳排放增為兩倍，並已超越美國。中國今日燃燒的煤幾乎已占全世界的一半。沃荻說，中國既是一個「黑色超級大國」，也是一個「綠色超級大國」。它可能殺死地球，但也可能拯救它。

第三篇——超越成長

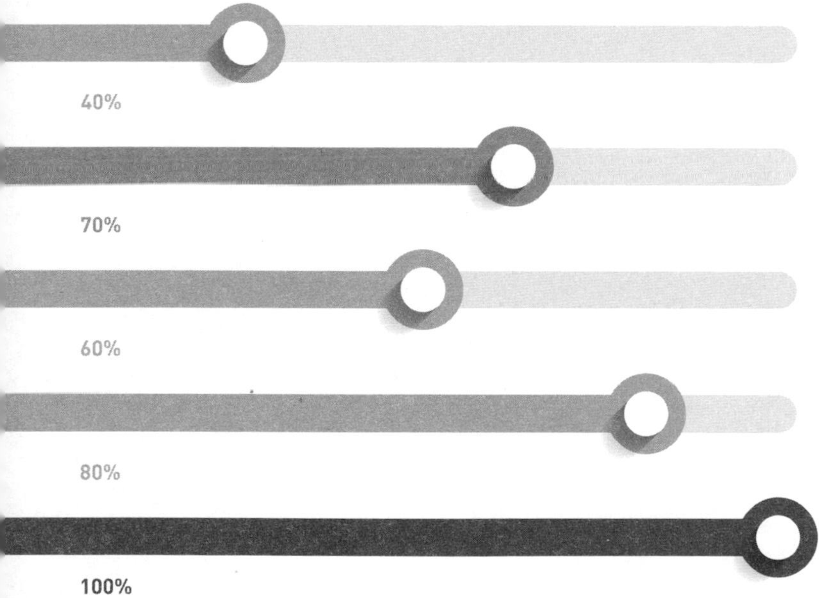

第十章

財富

政府衡量的成長告訴我們所有有關收入的事，但完全不談財富。這是它的根本缺點之一。如果我們想知道世界的真貌，衡量財富——資產存量——就不可或缺。但執迷於成長的政策制訂者唯一在意的數字是 GDP。

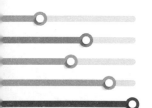

THE GROWTH DELUSION

WHY ECONOMISTS ARE
GETTING IT WRONG AND WHAT WE CAN DO ABOUT IT

想像有兩個人，比爾和班恩。比爾是個銀行家，在高盛公司每年賺二十萬美元。好吧，以銀行業的標準，他的薪資少得可憐，但讓我繼續說下去。班恩是個園丁，每年靠修剪玫瑰和樹籬賺二萬美元。誰的生活比較好？如果你以兩人的收入來衡量，比爾顯然較富有，事實上是十倍富有。這種衡量方法類似ＧＤＰ；它告訴你每個人在特定的一年獲得的收入「流」。但和ＧＤＰ一樣，這些數字未透露比爾和班恩真正的財富有多少。

要更深入發掘，你需要知道他們的資產存量。我是不是忘了提到園丁班恩最近繼承了長島的一棟大宅邸，價值一億美元？事實上，他每週二下午在自己的大花園做一點他愛好的事，並支付自己一筆象徵性的薪水。但他計畫明年賣出這棟宅邸，搬到曼哈頓較樸素的房子，投資他剩下來的九千五百萬美元賺點利息過活。

另一方面，可憐的比爾債台高築。他每個月必須拿出薪水的一半來繳房屋貸款，還要十年才能繳完。他還得支付他那輛（有刮痕的）保時捷汽車的貸款，並靠銀行透支來維持他虛有其表的生活方式。不幸的是，他即將滿五十歲（班恩才十九歲），銀行正準備要他走人。

好，到底誰比較富有，比爾或班恩？

政府衡量的成長告訴我們所有有關收入的事，但完全不談財富。這是它的根本缺點之一。國家和個人都適用於這個道理。沙烏地阿拉伯的成長數字實際上毫無意義。為什麼？因為它們取決於石油的生產，而石油終有用完的一天。到時候，除非沙烏地阿拉伯發現另一種製造今日所得水準的方法，它的經濟將萎縮。❶屆時沙烏地阿拉伯將變成銀行家比爾國。

如果我們想知道世界的真貌，衡量財富——資產存量——就不可或缺。然而，談到國民帳，我們可選擇的工具極其有限。國民帳包含龐大數量的資訊，但執迷於成長的政策制訂者很少揭露這些資訊，他們唯一在意的數字是ＧＤＰ。

如果你深入思考它，那實在很不尋常。當投資人考量一家公司時，他們不僅看它的獲利和虧損，也看它的資產負債表。獲利與虧損帳（有時候稱為損益表）顯示特定期間的收入和支出流。籠統地說，如果收入超過支出，公司就有獲利。如果不是，就是虧損。資產負債表不同，它不衡量收入和支出，而是描述整個概況，列出資產、負債和股東權益。它顯示公司擁有和積欠的東西，並在這個過程中揭露一家公司真正的「價值」，而非只顯示今年它能創造的利潤——卻未必顯示未來的情況。❷

政治人物和政策制訂者只仰賴一套相對很老舊的帳，我們稱它為ＧＤＰ。它相當於損益表。除了少數幾種實驗性的衛星帳外，一直未有系統地嘗試衡量一國的資產存量，或者我們可以稱它為財富。❸「國民帳一直沒有創新，它完全陷於停頓。」穿著皮夾克的經濟學家烏梅爾・哈克說。他認為這是一個驚人的失敗。他說，那些所謂的偉大經濟思想家，包括國際貨幣基金（IMF）和世界銀行等多邊機構的經濟學家，應該立即制訂財富的衡量方法，以核對為改善衡量成長的方法所做的無數次修訂和更新。「為什麼國民帳沒有創新，讓我們可以更正確地認識經濟的全貌？如果不衡量國民財富，我們無法真正了解我們的經濟。」他氣憤地說，一手拿著香菸，一手拿著一杯濃縮咖啡。「如果不知道存量，我們無法正確地知道我們有多富裕。」

帕薩．達斯古普塔（Partha Dasgupta）是劍橋大學拉姆齊經濟理論名譽退休教授，也是環境經濟學先驅。他把大半生涯用在如何從不同的思維看我們的經濟體。我到劍橋與他討論。他穿著西裝、長褲和白色運動鞋在聖約翰學院莊嚴的大門外見我。對一個七十四歲的人來說，他看起來整潔而靈活。他帶我走到他靠近康河擺滿書的書房，在那裡請我喝雪莉酒，彷彿回到一個更優雅的年代。我欣然接受。畢竟，已經早上十一點鐘了。

和許多在一個新國家找到自己家的人一樣——達斯古普塔出生在今日的孟加拉，但一九六〇年代初來到英國，在劍橋三一學院取得博士學位——他比英國人更英國。他身上散發溫柔、優雅的氣質。達斯古普塔的批評大部分並非針對成長，而是他深信成長衡量的東西不對。他說，不管我們研究什麼單位——家庭、國家，或整體的地球——我們感興趣的不應該是收入，而是財富。他說的財富意思是「經濟體資本資產存量的社會價值，組成的內容包括製造資本（道路、港口、機器等）、人力資本（人口規模與組成、教育、健康）、知識（藝術、人文和科學），以及自然資本（生態系統、水資源、大氣、土地和地下資源）」。[4]

這似乎是個艱鉅的任務。例如，我們如何給知識或文化一個數字化的價值？達斯古普塔並不是不知道這個概念的難處，但他有兩個看法。一個是從一九四〇年代以來人類投資大量智力資本和無數金錢在創造、修改和調整成長的衡量方法，但比較之下，用在編製資產負債表式的國民帳努力卻很少。「不要管估算有多困難。很難估算不是逃避它的理由。」他堅定地說：「因為GDP本身也很難估算。」

他說，第二個看法是，以智力解決任何問題的最好方法是把假設推到它的極限，如果發現問題實在太困難才撤退。在概念上，我們應該有國家經濟的資產負債表，一份我們擁有什麼和虧欠什麼的清單。所以我們不應該從這個任務退縮，而應集合眾人的智力來創造它。

存量和流量的方法息息相關，就像它們在一套企業帳裡的關係。一家公司有機器和技術工人幫助它製造產品和服務，以創造今年和來年的收入。它可以運用既有的資產以創造現在的更多利潤，或累積更多資產，壓抑今日的收入以便未來賺更多錢。例如，它可以現在停止更換機器以便增加利潤。不過，到某個時候機器會停止轉動。或者它可以投資在下一代的機器人，或讓工人參加昂貴的訓練課程，以更新他們的技術。這兩個決定都可增進明日的競爭力（和獲利），但得付出今日獲利減少的代價。

以家庭為例，在富裕國家的個人資產可能包括房子、投資，和未來有生之年的收入和年金調整今日物價後的估計。「這是一個存量，它讓你能規畫自己的生活。你可以投資它——例如，用於教育自己。你可以贖回你的一些資產，以便取得另一些資產，也就是人力資本。」在貧窮國家的個人資本可能包括土地、牲口，或在共有的水域捕魚的權利。在艱困時期，你可能賣出牛隻，以便買糧食維持你的人力資本（這時候是體力），和支付運輸費用到城市尋找受薪的工作。「你是在轉換一種形式的資本成為另一種。」

家庭或國家的資本不只是實體資產，包括自然或工業的實體資產。它們也包括技術，其計算方法如訓練有素的木匠人數，或有博士學位的專業人士數量。你可以延伸這個概念到文化資本。以兩個完全相同的島嶼為例，第一個島的家庭完全互不信任，另一個島的家庭則完全互相信任。信任島的家庭可能彼此交易，因為人們相信其他人會履行交易承諾，例如提供牛奶一年以交換兩條毛毯。但在沒有信任的島上家庭不可能交換產品。兩個島嶼的前途將完全不同，即使它們一開始擁有相同的資產基礎。[5]

讓我們暫時只談自然資本。「當代的經濟成長與開發模型把自然視為固定的、不會被摧毀的生產要素。問題是這個假設是錯的。」達斯古普塔寫道：「自然是一片拼湊成的可分解資產。農業用地、森林、瀑布、漁場、水資源、河口、濕地、大氣——更廣泛地說，生態系統——是可自己再生的資產，但可能因為人類的使用而惡化或耗竭。」[6]

達斯古普塔說，在國內生產毛額，「有問題的字是『毛額』」。這是因為它未計算資產的貶值。「如果一片濕地被排水以闢出蓋購物中心的地，後者的營建對GDP有貢獻，但前者的破壞卻未納入計算。」如果購物中心的社會價值低於濕地的社會價值，「經濟就會變更窮——財富會減少——現代和未來世代普遍的潛在福祉就會隨之降低。但GDP呈現的卻不是如此」。

有三個交互影響的原因讓我們應該思考財富的存量，而不只是思考「成長」的流量。

第一，這麼做有助於社會做有關存量與流量的交互關係、現在與未來交互關係的更佳決定。對個人來說，如果你知道自己在銀行有多少錢，你就知道能負擔多少支出，例如攻讀博士學位，以便日後獲得以更高收入為形式的報償（加上學習的樂趣）。在國家的層次上，我們有無數情況必須權衡使用收入來建立資本存量，或揮霍資產來製造更多成長的利弊得失。例如，免費大學教育似乎是我們負擔不起的經濟犧牲，但如果你衡量的是財富存量而非流量，這些受更多教育的人看起來可能是增加國家的財富，而不是減少成長。這個道理就好像我們預期未來的投資報酬而投資於基礎設施，例如高速鐵路。如何計算這些東西有很大的關係。美國的無黨籍參議員伯尼・桑德斯（Bernie Sanders）和英國的在野工黨黨魁傑瑞米・柯賓（Jeremy Corbyn），都主張增加公共預算和取消學費。從財富會計的觀點看，他們的政策看起來較不激進——也因此較可行。

計算資產的第二個理由是，今日的行動會影響未來的世代。記錄今日的國民所得對做跨世代的決定毫無助益。它傳達的訊息是把今日的成長最大化，而不管對明日有什麼影響。在極端的情況下，一個世代可能用盡一國的森林植被和所有原油蘊藏，以創造雙位數的成長率，同時期待未來的世代自然能想出別的辦法。今日推動這種政策的政府，會以快速成長作為其行動的理由，但財富衡量法將顯示財富急遽下降。這麼做至少可提供清楚的利弊交換，讓選民自己做決定。當經濟成長三％時，財富減少五％肯定不是很好看的新聞標題。知道有多少財富，可以讓現在的世代更清楚他們留給子孫的是什麼樣的未來。

第三個息息相關的應考慮計算財富存量的理由是永續性。簡單地說，衡量財富有助於社會避免崩潰。距離南美洲海岸二千哩的復活節島是一個著名的例子，說明一個一度繁盛的文明如何內爆。該島以被遺棄的神祕石雕頭像聞名。[7]當這個島在一七二二年的復活節被荷蘭探險家羅赫芬（Jacob Roggeveen）發現時，已經是一塊光禿的草地，沒有一棵超過十呎高的樹。雖然島上的住民是一度以航海技術著稱的玻里尼西亞人，但當時的島民已淪落到只能划老舊的獨木舟。許多人住在洞穴，過著窮困的生活。但過去的復活節島看起來大不相同，第一批移民在約西元四百年抵達時，島上到處是樹木、草叢和野生動物，提供居民豐饒的飲食。到一二〇〇年，島民開始用島的一側找到的石頭雕刻巨大頭像，並利用圓木和繩索運輸它們到幾哩外的海邊，放在巨大的底座上展示。

他們伐木不僅是為了運輸石雕頭像，也為木柴和建造住家和獨木舟。什麼原因可能促使島民砍盡整個文明仰賴的所有樹木？實際上這種破壞不可能輕易發生，最可能的是逐漸演變而成，就像寓言裡活青蛙不知不覺從溫水被煮沸。復活節島的文明不是在一聲巨響中崩潰的——或在最後一棵樹被砍倒後——而是在絕望的嘆息聲中。到了羅赫芬抵達時，它的人口已銳減到最高峰時的四分之一到十分之一間。一度大啖海豚、貝殼和海魚等豐盛飲食的島民，顯然已淪落到同類相食的慘況。他們「最挑釁的嘲笑」是「你娘的肉卡在我的齒縫裡」。[8]

復活節島是縮小版的地球，是一個社會若忽視賴以生存的財富可能招致何種結果的寓言。美國地理學家兼博學家賈德．戴蒙（Jared Diamond）舉美國西北部伐木工人的口號「工作優先於樹木」為例說，現代社會也無法倖免於突然崩潰的可能。他說：「如果我們繼續走現在的路，我們將在幾個世代內耗盡世界的主要漁場、熱帶雨林、化石燃料，和大部分土壤……也許有一天紐約的摩天大樓將被遺棄，淹沒在植被中，像吳哥窟和提卡爾（Tikal）的寺廟。」

保持社會財富的精確紀錄本身不足以避免災難。科學家多年來一直警告全球暖化的危險，提出碳排放、氣溫上升與已顯露的及未來可能的環境改變間有強烈關聯性的證據。然而若不接受科學或缺少行動的政治意志，再多的資料也無法促使社會因應危機。誰也不知道如果復活節島上的人擁有顯示他們的做法無法永續的詳細財富帳，他們會不會改變方向並及時挽救自己？不管如何，衡量一定是個起點。若不開始衡量，身為一個物種的我們注定會重蹈復活節島人集體自殺的覆轍。

達斯古普塔認為那就像一個大池塘裡的魚。「如果魚群數量很少，池塘裡就有很多食物，魚的數量就會增加。如果有太多魚，食物的供應就不足，所以魚群數量會減少。」如果沒有人為干預，魚群會根據既定的食物和營養的供應而達到自然平衡。「現在來了一些漁夫，他們會捕魚，而魚群數量當然會減少。但這不表示他們一定會毀掉這個漁場，因為如果魚群減少，那麼魚的淨產出、繁殖率可能因為魚群減少而上升。牠們吃掉較少食物，所以會以較快的速率繁殖。但若你持續捕更多魚，那麼最後它會崩潰。」因此，有效管理漁場意謂只捕撈正確數量的魚，讓存量可以再繁殖。

「把生物圈想成一個在穩定狀態下的漁場。然後，在我們成長時，我們是在靠生物圈的產出過活，並改變產出的狀態。然後你問一個問題：我們為了我們的目的而轉換的生物量有多少，它與生物圈製造的生物量比較起來如何？這個足跡就是需求和供給的比率。」

衡量自然財富的各種方法學都有各自的困難，但低估自然資源價格——或把它們當成免費——的問題需要經濟學家採取對策。為什麼為自然訂價有助於了解我們在做什麼和可能讓我們停止做它？「假設你是一個創業家，你嘗試開發一種新技術來生產蜂蜜或其他東西，或一種新型的汽車。」達斯古普塔說。

你會不會把你設計的昂貴東西經濟化，或者你會把廉價的東西經濟化？當然，你想把昂貴的東西經濟化。好，如果自然資本的定價很低，技術改變的方向無可避免地會朝向更掠奪性的發現。這是很自然的事。空氣是免費的，水是免費的。我們知道石油的定價太低，是因為它的定價不是根據你燃燒一加侖汽油會產生巨大的外部性（碳）。如果它定價太低，那麼就會有技術改變緩慢的傾向。換句話說，技術創新傾向對自然不利。

和復活節島人一樣，災難可能悄悄掩至，而非突然降臨。許多物種和生物多樣性逐漸被摧毀是一個令人憂慮的跡象。「我說的不是袋鼠和老虎，我說的是你看不到的物種：所有那些甲蟲，那些鳥類、傳粉昆蟲和分解者昆蟲。我們有各式各樣的統計——或者稱作市場——告訴我們已經超支，而且已經超支一段時間。」我們很容易對人類的進步太樂觀。「我們壽命更長、吃得更好，我們長得更高、受更好的教育，我們享受各種產品和服務，我們到處旅遊。但我們是否藉由超支未來而達成這些？我們是否在借用未來？例如，藉由排放這麼多碳而借用未來，以至於我們可能會有麻煩。答案很可能是肯定的，我們可能會有麻煩。」

第十一章

現代末日審判

現代的末日審判將藉由創造一份我們擁有的自然和實體資產的資產負債表，來填補我們如何思考經濟的大洞。那將顯示人類正為了追求成長而以無法永續的方式消耗資源。

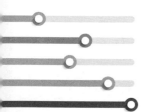

THE GROWTH DELUSION

WHY ECONOMISTS ARE
GETTING IT WRONG AND WHAT WE CAN DO ABOUT IT

征服者威廉一〇八六年下令寫成的《末日審判書》，是在英格蘭和大部分威爾斯的一次土地調查。它的目的是登錄人民擁有的財產和因此應繳納的稅，並在諾曼人征服的動盪期後建立王室控制的土地清冊。和克倫威爾為在愛爾蘭征服的土地畫地圖和早期的GDP一樣，戰爭的結果往往激起我們的衝動，想衡量今日稱為經濟的東西。

根據中世紀的盎格魯－撒克遜編年史，征服者威廉這本卷帙浩繁的書企圖記錄「每個男人擁有什麼或多少東西，誰是英格蘭土地的占有者，包括土地或牲口，和它價值多少」。由於調查結果是最終的確認，因此被稱為《末日審判書》，雖然手稿原本的名稱是平淡無奇的調查書。一些章節詳盡到連個人擁有的牲口數也巨細靡遺，「沒有任何一頭公牛、母牛或豬被逃漏而未記錄。」[1]《末日審判書》是那個時代的谷歌地圖。它也是一個資產負債表式的世界觀，是九百多年後我們的現代統計機構——儘管擁有先進的調查技術、電腦和衛星——未能做到的。現代的末日審判將藉由創造一份我們擁有的自然和實體資產的資產負債表，來填補我們如何思考經濟的大洞。「那將不會很好看。」一名支持者說，他認為那將顯示人類正為了追求成長，而以無法永續的方式消耗資源。然而「以光鮮亮麗的GDP顏色來粉飾經濟表現，無法改變現實」。[2]

讓我們先看自然資本。或者給它一個較口語的名稱：大自然。如果要給大自然一個貨幣價值，它的價值會有多少？我們從《聖經》知道它只花六天創造出來，換句話說，沒什麼大不了。所以你估計是多少？三十三兆美元如何？

這個數字實際上不是隨便編造的，至少不是我編造的。它是著名的「生態經濟學家」羅伯特・科斯坦扎（Robert Costanza）研究的結果。❸他的三十三兆美元是在一九九七年的科學期刊《自然》發表的一份突破性——也極具爭議性——的論文提出的，標題為「地球的價格」。它遭到經濟學家和環保主義者的抨擊，前者認為對「生態系統服務」（借用這個醜陋的術語）訂價極其荒謬，後者拒絕為任何珍貴如雨林或一塊草地的東西貼上現金價值。在王爾德（Oscar Wilde）的《溫夫人的扇子》（*Lady Windermere's Fan*）裡，達林頓勳爵諷刺說，憤世嫉俗者是「一個知道一切東西的價格而不知道任何價值的人」。也許他說的應該是經濟學家，而不是憤世嫉俗者。

不過，如果你不給東西一個貨幣價值，人們往往完全忽視它的價值。除非政府能為拯救一個海灘或保護一片濕地提出經濟的理由，大自然幾乎總是輸給成長的當務之急。經濟教科書透過勞動、資本和技術的投入，以及生產、交易和消費的中介來看待世界。大自然往往遭到忽視。❹

如果我們忍耐一下，嘗試給大自然貼一張價格標籤，出於我們絕少交易空氣、水、更別說複雜的生態系統，我們應該從哪裡開始？降雨不收費用，樹木自己會迎著光向上生長。營養默默地循環。生態系統如此複雜和微妙地平衡，我們往往只能概略了解它們如何進行重新創造的奇蹟。所以我們怎麼可能為這些活動訂價格？答案是我們不能。但經濟學家已設法發展一些——無可否認極端粗糙的——方法，為不存在市場的產品或服務設定他們所稱的影子價格。這牽涉到人們願意支付多少（顯現偏好），或藉由直接詢問（敘述偏好）設定代表價格。估算代表價格的方法之一，是計算建造人造的同等物要花多少錢。紐約市計算出為紐約飲用水提供自然淨化服務的卡茲奇山（Catskill Mountains）帶來的生態系統服務，如果以人造水處理廠取代，將花費八十億到一百億美元。

科斯坦扎具有里程碑意義的論文中，有許多計算綜合了超過一百個不同研究的結果。他和論文共同作者用自己的計算來補充這些發現。論文中把自然世界分成十六個生物群系，例如海洋、森林濕地、湖泊與河流，以及十七個生態系統服務，包括水供應、傳粉、食物生產、營養循環、土壤形成、基因資源、休閒和文化。然後它製作一個矩陣，估計各個生物群系對各種服務的貢獻。例如，海洋對傳粉或土壤形成沒有任何貢獻，但對食物生產和「文化服務」貢獻良多。

但像海洋的美學、藝術、教育、心靈和科學的利益這麼主觀的東西如何訂價？科斯坦扎使用的代表是海岸房地產超過非海岸房地產的溢價。這顯示人們願意為靠近海洋支付多少錢，屬於顯現偏好。科斯坦扎使用的數字是每公頃七十六美元。推廣到全世界的所有海洋，計算的總價值是二兆五千億美元。我警告過你，這很粗糙。

在每個計算中，這種方法學都藉由發現人們願意為某些自然資產支付多少錢來建立一個準市場價格。例如，棲息在盧安達、烏干達和剛果民主共和國雨林的約一千隻高山大猩猩，雖然不包括在科斯坦扎的論文中，牠們價值多少錢？方法之一可能是，人們願意支付多少錢去看牠們。這包括搭飛機到非洲中部、旅館費用，和觀賞大猩猩許可證的成本——在盧安達每小時要花一千五百美元，而且像金沙一樣限量。（別忘了這是一個純人類的世界觀。）這些雄壯——而且溫柔得驚人——的動物（作者有幸曾在烏干達的竹林中看過）也被視為具有經濟學家所稱的存在價值。這種存在價值取決於願意支付錢讓牠們存在的人數，即使這些人沒有能力或意圖實際上去參觀牠們。

為大自然估價不是一件容易的事。事實上它就像披荊斬棘穿越剛果的叢林。儘管如此，下頁表是科斯坦扎計算結果的摘要。

說這種方法學是「信封背面的計算」未免太貶抑信封了（或者我該稱它們為信封服務？）。有人對這些數字的反應是狗屁不通。例如，為什麼大自然的文化服務價值三兆美元，幾乎是食物生產服務的兩倍，而如果沒有後者，我們也不會活著享受前者了？但

表二

服務	1994年兆美元
按生物群系	
開放海洋	8.4
沿海地區	12.6
海洋整體	21
森林	4.7
草地與牧場地	0.9
濕地	4.9
湖泊與河流	1.7
農田	0.1
陸地總體	**12.3**
總值	**33.3**

按生態系統服務	
氣體調節	1.3
擾動調節	1.8
水調節	1.1
水供給	1.7
營養循環	17.1
廢棄物處理	2.3
食物生產	1.4
文化服務	3.0
其他	3.6
總值	**33.3**

科斯坦扎對他的主張激起的嚴厲批評毫不畏怯，他在回應一位批評者時寫道：「我們相信生態系統沒有一個正確的估算方法，但有一個錯誤的方法，那就是什麼也不做。」[5]

英國政府在二〇一二年成立自然資本委員會，據稱是世界第一個這類機構。該委員會描述它的工作是「向政府提供有關自然資本的顧問，例如森林、河流、礦產和海洋等事務」。到二〇二〇年，英國政府希望國家統計局把自然資本的衡量納入英國的國民帳。該委員會將協助發展「適合的標準」，以記錄環境的狀態，並建立英國鄉間和世界其他地方的相對基準。它也將建立瀕危棲息地的「風險登記」，並為政府的二十五年環境計畫提供建議。

有七位委員的委員會由牛津大學教授兼環境會計專家赫爾姆（Dieter Helm）擔任主席。赫爾姆在他的學術研究制訂一套原則，他希望用來領導現實世界中的委員會。這套原則聽起來輕鬆而簡單，但它有複雜的含意。它總結為：「自然資本的總水準不應下降。」[6]

赫爾姆先從永續開發的標準定義著手：「人類有能力讓開發永續，以確保它滿足現在的需求，而不危害未來世代滿足他們需求的能力。」[7]他繼續描述他所說的一封「世代之間的連鎖信」，信中一個世代的人簽署一份不成文合約，把資源留供下一代繁榮興盛。在自然資本上，每一個世代有義務留下的財富存量要等同於發現它時的水準。他說，這就是「自然資本的總水準不應下降」的意思。[8]

顯然這並非暗示我們不能利用大自然。沒有一個社會，即使是工業化前的社會，能承諾不使用自然資源。人類與環境交互影響，他們砍伐樹木和耕作田地，他們汲取非再生資源如石油和天然氣。他們順應、改變或摧毀可再生的資源。他們可能藉由建造一座水壩來製造水力發電，而改變部分的河流。或者他們可能數個世代持續砍伐原始森林，以現代的英國鄉村取代它，有著樹籬、草地和農田，或轉變野牛成群的大草原成為麥田。期待一個世代留下和發現時完全一樣的生態系統是不切實際的。赫爾姆說，重點是留下一樣的自然資本總量。

但怎麼做？幾乎同樣重要的是，我們怎麼知道？管理大師彼得．杜拉克（Peter Drucker）據稱曾說：「如果你無法衡量它，你就無法管理它。」這句話可以當本書的副標題。如果大自然從森林轉變成綿羊圍欄，或從河流轉變成電力，我們需要某種會計工具來計算自然資本存量的淨損失有多少，以及我們需要做什麼來補償損失。

從某個層面看，這整個做法是有缺陷的。經濟學家正好不是你希望讓他們來攪亂大自然的人。只要他們的手沾到我們的湖泊或森林，它們就可能被商品化並被買賣到不知下場如何。經濟學家終究無法回答像「我們應該建立綠帶以舒緩房屋短缺嗎？」之類的問題。有些利弊交換是道德問題，不是數字計算能夠決定。理論上一個經濟學家可能決定是否「值得」讓一種河豚絕種，只要一座水力發電廠能製造很多百萬千瓦的電力供數十萬人使用。但這也是一個應該由道德學家回答的問題，而不只是經濟學家。所羅門王（King Solomon）和默文・金（Mervyn King；二〇〇三至二〇一三年擔任英格蘭銀行總裁）一樣有資格回答這個問題。不過，這不表示經濟學家對這種辯論沒有貢獻，至少我們應該聽聽他們怎麼說。

在赫爾姆追求衡量那不可衡量的大自然時，他先將自然資本分成兩類：可再生與非可再生。傳統上人類主要專注於非可再生資源。我們是否已達到「石油高峰」？如果煤或銅用盡了，我們該如何？但非可再生資源是容易的部分，它們要以市場價值來估值相對較簡單。如果一個政府知道它有可用五十年的天然氣，就可以用今日的價格計算其價值，並決定今日要「花用」多少，和要保留多少給明天。

可再生資源比較麻煩。以野生鮭魚為例，[9]我們可能知道每磅鮭魚的價格，但因為這種魚會無限繁殖，所以不可能量化現在和未來的收入流。牠們是無限的，這使得鮭魚變成無異於免費，除非使其滅絕而讓牠們變成無價——經濟學家用來表示滅絕的詞。那麼，比為鮭魚估值更重要的變成是計算其生存的臨界值。我們需要知道可以在特定的地方安全地捕撈多少鮭魚，而不危及未來的供給。同樣重要的，我們也需要計算牠們所繫衍的生態系統的各種臨界值。[10]我們寧可過於謹慎。一旦我們確認一個不應該超過的點，常識會告訴我們應該在達到它之前很早就停止。

一個方法是編製一份自然資本資產負債表——特別是面臨危險的生態系統——以便追蹤自然資本的總水準。赫爾姆的原則要求對生態系統的一點傷害必須有另一點的修復或改善來彌補。如果一塊濕地被摧毀以建造一座購物中心，那麼相關的政府單位（或民間公司）就有義務彌補受到的破壞，例如改善土壤品質，或把農地還給曠野。如果樹木被砍伐，就必須在別的地方種植樹木。引流一條河的河水，你就必須保護另一個地點的一塊濕地。至於非可再生資源如石油，你可以藉由建立其他形式的資本，包括保留給未來的世代，或藉由對可再生自然資本的修補，來彌補非可再生的使用。

這聽起來可能很艱深。就某個層次上確實如此，畢竟，人類連減少碳排放都無法達成協議，雖然科學很明確地告訴我們全球暖化可能——而且確實已經——對環境造成嚴重的影響。只要問任何非洲農民就知道，過去數世代一直很穩定的降雨模式已突然變得難以預測。[11]嘗試為汙染訂價的碳交易計畫大多數以失敗收場。人們極端抗拒碳稅的概念，通常理由是它會傷害成長。這讓我們很難相信在衡量對自然的其他傷害上——從破壞雨林到製造垃圾掩埋場——能做得更好，然後能真的採取對策。

不管是否困難，赫爾姆的原則已變成正式的英國政策。如果你仔細看執政保守黨二〇一五年和二〇一七年的政綱，你將發現一個變動：「我們保證成為第一個讓環境比我們繼承它時的狀態更好的世代。」當然一個政黨很容易做這種沒有具體內容的承諾。今日的政治領袖等到他們的承諾受到考驗時早已作古。但環境經濟學家說，這正是我們需要健全的會計方法來督促政治人物誠實不欺的原因。

雖然赫爾姆談論臨界值和談論為大自然訂價一樣多，他的委員會還是為樹木和濕地計算出價值。在一份交給政府的報告中，委員會認定英國的自然資本正處於「長期減少」中，並列出幾項當務之急，以下是其中三項似乎未依重要順序排列的建議：

> 增加二十五萬公頃的造林地，地點靠近城鎮和都市，這些地區每年可創造超過五億英鎊的淨社會效益……在高地復育約十四萬公頃的泥炭地。這光是在碳價值上就能在四十年間帶來五億七千萬英鎊的淨效益……約十萬公頃的濕地創造，特別是在合適的主要城鎮和都市的上游水文區，避開高等級農地。典型的效益成本比為三比一，部分情況可能達到九比一。

要嘲笑這類建議很容易，所以人們經常這麼做。用了無新意的官式報告文字寫出，加上一些似乎憑空變出的數字，讓這種為大自然訂價的方式顯得十分粗糙。首先，為什麼衡量的單位是貨幣？我們不會用美元或歐元來衡量體重或身高，但公斤和公尺提供有意義的訊號，讓我們據以採取行動。例如，醫生可以建議一個病人如果體重和身高的比例超過某個水準就應該減重。我們知道一架空中巴士A380飛機降落的跑道要多長，就安全的目的來說，我們不需要知道它得花七億美元打造。（如果它的打造成本只有一半，我們會蓋一條較短的跑道嗎？）所以，正如一位作家寫的，為什麼金錢變成「道德通用語」？[12]我們需要擺脫這個從發明GDP以來就主導的概念，也就是有金錢價值的才值得我們費事去衡量。

金錢是一個用在大自然上很奇怪的單位。我們可以任意印製鈔票——就像我們的央行揮霍無度的表現。嘗試為環境訂價的真正用意，當然是為了凸顯其有限。為碳訂一個價格可能得到的一個結論是，我們可以無限地汙染環境，只要我們用可以無限印製、以至於變得毫無價值的貨幣來支付它。[13]也許我們可以不以英鎊、美元或歐元來為碳訂價，而採用在日本用來衡量珍珠的單位「匁」（momme），一匁等於十分。作者建議的另一種方式是，我們用「貓」（Cat），一種衡量每公斤的貓施打最低致命藥物劑量的舊美國單位。[14]我個人喜歡看到用貓來取代GDP，作為經濟活動的主要衡量單位，這樣我就可以寫標題：上季的經濟成長了一貓鬚（a whisker；譯注：表示一點點、極少）。

為大自然訂價不僅可能毫無意義，也可能太過魯莽。它暗示大自然是可替代的，且可安全地交易；此外，它的價值僅限於提供服務給人類。一位作家說：「環境經濟學的矛盾在於我們感覺必須為大自然訂價，以使它的損失在資產負債表上明顯可見，但這麼做讓我們合理化它的商品化，和正當化它的嚴重過度消費。」在最糟的情況下，「生物多樣性補償」可能表示一片擁有美景和奇觀和千年歷史的大自然，可以機械化地被另一片取代。另一位作家寫道，一棵「有樹瘤和萌生多幹的橡樹」可以被一棵「種在匝道邊用鐵絲圍籬圈住的小樹苗」取代。[15] 用貨幣價值來框架辯論無異於放棄道德的立場，屈服於經濟學家無情的功利世界觀。

就是為了跨過這種困境，促使一些經濟學家採取不同的非貨幣方法，其中一種是由加州的研究組織全球足跡網絡（GFN）發展的，它甚至為此發明了一個新假日。你可能已經錯過那個假日了：二〇一七年八月二日是地球超載日（Earth Overshoot Day, EOD）。如果你是美國人，它是介於獨立紀念日到感恩節之間的一個假日。你的街坊鄰居可能沒有慶祝它，Hallmark也還沒有生產俗氣的卡片來祝賀它，所以別擔心錯過它。地球超載日用來標記人類已在那一年的那一天用盡所有生態系統的再生能力。從那一天到二〇一七年底，我們是在超支地球生態系統的瓦斯桶來燃燒我們的消費。

地球超載日尋求凸顯永續性的議題，方法是引起人們注意我們的生態足跡與地球的生物承載力——吸收活動和自我再生能力——的比率。它嘗試以非金錢的貨幣來計算環境。全球足跡網絡宣稱提供一種比較地球的供給能力相對於加諸於它的需求的方法。其創辦人兼總裁馬蒂斯・魏克內格（Mathis Wackernagel）堅稱，這個方法根據的是嚴格的科學，雖然許多人認為它是一種有用的宣傳工具多過於政策工具。

生物承載力是地球提供人類和其他動物食物與資源——木頭供建造房屋、水供灌溉作物、羚羊供作獅子的早餐——和吸收所製造廢棄物的能力。這些廢棄物包括人類的汙染，如農田流出的硝酸鹽，和工業的碳排放。需求即足跡。全球足跡網絡把地球分成五個廣泛的類別：耕地、牧地、森林、漁場和建造地。耕地提供吃的糧食、森林提供建築材料、木柴和二氧化碳封存。被視為最沒有生產力的地區如沙漠未計算在內。[16]衡量的基本單位是全球公頃（global hectare）。它的計算法是以實體地區如耕地，乘以各國不同的單位收穫量，和所謂的當量因素；當量因素則根據生產力的不同來計算，例如耕地和生產力較低的牧地。這種方法雖然粗糙且現成，卻使所有土地可以用單一單位來表示——全球公頃。

全球足跡網絡計算生產性土地和水的總量達到一百二十億全球公頃。以地球人口約七十億人計算，這相當於每人一．七二全球公頃。[17]（一公頃大約是一座足球場大小。）根據全球足跡網絡，我們直到不久前才開始超過地球自我再生的承載力。在一九六一年，人類的需求大約是〇．七個地球的生物承載力，那表示我們有剩餘。到了一九八〇年代中期，人類已開始透支，而到二〇〇八年情況已變本加厲。全球足跡網絡說，那一年我們的需求已達到一．五個地球，情況顯然已無法永續。這已足夠驚擾躺在墳墓的馬爾薩斯起來說：「我早就告訴過你們。」

財富不僅是現在的衡量，也是未來的衡量。這是因為今日的財富——我們所有包括自然、實體和制度性資產的資產負債表——就是明日的收入。比起我們的標準經濟衡量標準GDP，基本上GDP是往後看的衡量，一種記錄已經生產什麼的方法，例如去年的生產。但嘗試眺望未來會引發重要的概念問題。

第一，今日的資產有多少價值，基本上是無法知道的，主要原因是科技的改變。在剛果挖掘的鈷礦在今日需求很大，因為它是電動汽車電池的必要原料，但也許明日一些目前較沒有價值的礦物將取代它。視科技進步而定，我們未來也許能以較少原料生產較多產品。也許我們會發展新科技來開採以前無法採到的石油和天然氣。這已經在頁岩油革命中發生。也許我們完全不需要石油和天然氣；我們將有目前尚未發現或提煉的新形式能源。

一些經濟學家把嘗試衡量自然資本視為基本上是假議題，是環保主義者用來對成長強加不必要限制的工具。一位與我談論過的經濟學家甚至表示，所有這些嘗試無異於是已經變富裕的人告訴窮人，他們實在很抱歉，但地球已經無法再承受更多成長了。

「以我的觀點看，它完全是政治性的杞人憂天操作。」當我在電話中提起如何衡量自然財富的主題時，他幾乎是咆哮著說。[18]「在任何耗用石油等於ＧＤＰ損失的理論中，尋找新石油應該等於ＧＤＰ增加。但他們（環保經濟學家）從不把任何東西算成正值。如果你耗用石油，他們毫不猶豫就稱它是消耗資本。但他們從來不敢誠實承認，當壓裂技術發明後，那就是增加資源。」他說。

這位不願意公開透露身分的經濟學家說：「當我們發明視訊會議技術並減少旅行人數和碳排放，我們應該稱讚自己。但對那些人來說，他們只是一面倒支持每個人都待在家裡。每個人都在家裡織毛線。」驅散腦中用毛線針打不成形的條紋毛衣意象後，我繼續追問：要想出一個嚴格的理論架構來勝過環保主義者的宣傳，應該不會太難吧？「如果你的概念適度修正，你可能得出ＧＤＰ正加快成長的結論。你必須從兩方面做，你得承認不好的東西，你也得承認好東西。如果做對了，結果可能很有意思。」他說：「但我認為現在做這些事的人只值得我們輕視。」

加或減對每個人都應該不困難——更不可能難倒所有經濟學家。但對未來還有一個更哲學性的問題要解決。為什麼我們要在乎未來？畢竟，到最後不但我們難免一死，而且我們的宇宙也難免一死，它將變成一碗零能源湯。在極長久的未來，我們目前的資源將完全沒有價值。[19]換個說法，人可以愛自己的子子孫孫，即使他們還沒有出生，但這些子子孫孫在無限未來的子孫將如何？人類可以在幾千哩外戰爭和饑饉肆虐的同時快樂地過日子。我們真的能期待他們現在就為另一個時間次元尚未出生者的利益，而現在就採取預防某件事的行動，即使這些人與我們只有極生疏的關係？就哲學來說，這幾乎是無解的問題，就經濟學而言更是如此。

截至目前，我們談的主要是有關自然資本，但在眾多嘗試中包括像世界銀行這個備受推崇的機構，嘗試編製它所稱的國家「全面財富」衡量，不僅納入自然資本，也涵蓋實體資本和制度資本。從一九九〇年代中期以來，總部設在華盛頓的世界銀行就成立一個小組（非常小的小組）專門執行這項任務。該小組的指導原則出現在它厚厚的報告前言中：「我們衡量發展的方法將驅動我們發展的方法。」[20]

報告的發現之一是，隨著國家變富裕，天然資本的重要性也變小，因為國家把從利用自然資源獲得的收入流——例如出售香蕉、石油或鈾——轉換成其他形式的資本，例如道路、大學，或用以製造汽車的機器人。至少理論是如此。下撒哈拉非洲最重要的石油出口國奈及利亞，從一九九〇年代中期石油出口為該國賺進可觀的獲利起，就開始吸引重量級投資人的注意。世界銀行的報告指出，從成長的觀點看，奈及利亞的表現很不錯。但從財富的觀點看，它卻是退步。奈國的菁英因為未能把收入轉換成實體資本或人力資本，而竊奪或浪費了國家的未來。我們衡量經濟的方式無法阻止不肖的領導人盜賣國家的財產，但它可以照亮正在發生什麼事。如果有關奈及利亞的報導說它的財富劇減，而不是成長激增，政府可能承受改變的壓力。

對製造性——或實體——資本，世界銀行盡可能使用各國統計機構蒐集的數字。約三十國政府遵循資本存量的全面資料準則：工廠、道路、汙水系統等。這些數字幾乎未公開，但它們確實存在。至於其餘的數字，世界銀行仰賴荷蘭格羅寧根大學的一個小組為一百五十個國家編製的資料。[21]

就自然資本而言，世界銀行採取一種比科斯坦扎還務實的做法。世銀不嘗試為整個生態系統估值，而僅限於評估農地、林地和地下資源如石油、煤、鋁土礦和黃金。它很廣泛地以商業費率計算農地的價值：買一塊澳洲的麥田或西班牙的橘園要花多少錢？對於地下資產，它限制只為有完整市場價格和蘊藏資料的四種能源和十種主要礦產估值。[22]林地的估值不以美麗和吸收碳的能力為準，而是較平淡無奇地以如果所有樹木被砍伐當成木材賣掉的數量。[23]

大自然提供的服務——例如蜜蜂等傳粉媒介的價值——被假設包含在土地的價格裡。即使像鑽石、鈾和鋰等重要礦物和魚等海洋資源也未被計算，因為缺少明確的資料。水不被算成能源，即使水力對從中國到衣索比亞等許多國家極為重要。保護區如黃石國家公園或坦尚尼亞的塞倫蓋蒂國家公園，並不以其自然美景和基因多樣性來估值，而是以如果它們被以農地出售所能獲得的現金。世界銀行的估計大大低估了大自然的真正「價值」。

世銀的財富報告有一個有趣的面向是，它賦予受教育的勞動力和有效運作的制度等「無形資本」極高的價值。例如，在富裕國家，它發現自然資本只貢獻總財富的二%，相較於無形資本貢獻了驚人的八一%。生產性資本貢獻剩下的一七%。[24]

那麼，究竟無形資本是如何計算的？令人沮喪的是，答案是它沒有經過計算。它以「殘差」（residual）呈現，用外行人的話來說就是錯誤。當我們嘗試衡量的東西高達八

表三

國家所得群	總財富（兆美元）	無形資本（%）	製造資本（%）	自然資本（%）
低	3.6	57	13	30
中低	58	51	24	25
中高	47	69	16	15
高	552	81	17	2
全世界	674	77	18	5

一%竟然是錯誤時，我們難免感到疑惑。世銀沒有詳細解釋，但基本上是回溯計算要製造這麼多收入我們需要多少資本。在計算出自然資本和實體資本後，缺少的數量必然是制度資本。這有點像科學家對暗物質（dark matter）做的假設。

如果你還記得兩個島的譬喻，一個島上的人彼此信任（和交易），另一個島上的人彼此不信任（和不交易），那麼把大部分收入歸因於制度資本就不荒謬。儘管如此，世銀的數字在比較自然資本時仍高得不合理。為了留下紀錄，表三是世銀以兆美元為單位的總財富數字，和各項類別的百分比。[25]

這個圖表刺激出幾種看法。正如前面指出的，在富裕國家自然資本對總財富的貢獻只有二%。即使是在大抵上製造業比重很小的貧窮國家，它也只占總財富的三〇%。在全世界六百七十四兆美元的總財富中，自然資本只貢獻五%，而人力、制度和社會等無形資本卻貢獻了七七%。

第二點，圖表中的每個百分比占同樣的權重，因此理論上任何國家都可順利把自然資本轉換成其他形式的資本：石油和天然氣轉換成道路和學校，小麥和鮭魚轉換成大學和管理良好的法院。世界銀行表示，這是一個國家從未開發到已開發狀態的過程。但有一個明顯的問題，如果每個國家完全遵照這個建議做，大自然將蕩然無存。地球的自然資本將不會存留，所有生物都將死亡。國家將汙染自己到無法存活，驅使動物和植物滅絕，而財富帳不會顯示這些情況是問題。世銀承認這是個問題，其原因是它假設一種形式的資本可以無縫地轉換成另一種，即它所稱的可替代性（substitutability）。（在經濟學和其他科學中，太長的字往往是個警訊。）但這未能凸顯可能招致的「不可逆性和災難事件」。對一種原本應強調永續性的衡量方法來說，這不是方法學上的小問題。

第三點比較是好奇。世界銀行計算自然資本的方法是根據礦物、農地等東西的市場價格。這與科斯坦扎在他的《自然》論文面對相同問題時大不相同，他嘗試為整個生態系統計算價格，甚至把土地景觀的休閒和精神效益對人的價值包含在內。世界銀行只計算石油、黃金、牛和馬鈴薯等項目，但仍然發現自然資本占世界總財富六百七十四兆美元的五%。換言之，自然資本是三十三兆七千億美元，與科斯坦扎計算的三十三兆三千億美元只差一點點。這純粹是巧合，但對差異如此懸殊的方法，必須承認它有點嚇人。

顯然財富會計有許多尚待努力之處。有許多概念和意識形態的問題。此外，經濟學家對這類事務也只懂這麼多。事實上，他們在我們的決策過程已獲得太大的權威，現在已經變成任何傷害經濟的事都不能做——只有神聖的經濟學家才能決定是否傷害經濟。如果「搶回控制權」已成為我們時代的口號，那麼從神聖的經濟學家手中搶回公共政策必須是解決對策的一部分。矛盾的是，有時候你把理論擺一邊，並採取具體措施來因應這些問題時，情況就會變得更清楚。以挪威做例子。

維肯（Knut Ole Viken）是挪威的樹木計數人。[26]他計算樹木的數量已經三十年，最早是小時候和父親在接近北極圈的偏遠林地，現在則為挪威生物經濟研究所進行長期評估挪威森林的計畫。在五年的週期內，一隊包括維肯在內的森林專家，在範圍遼闊的挪威一萬五千個不同地點的樹林進行調查。森林和林地覆蓋挪威領土近四〇%，包括寒冷的挪威北方。[27]當五年的調查結束後，新的週期又重新開始。計算挪威樹木是一件永不停止的工作。

數樹的工作從近一百年前的一九一九年開始，當時挪威政府決定必須採取行動，因為在前一個世紀挪威曾經遍及各地的森林一直遭到濫伐。大部分原始森林都已被砍伐並運往歐洲。「在地方，農民以木柴為住宅取暖，並放牧牲口，導致森林無法復原。」一維肯告訴英國廣播公司：「當時沒有植樹和再生的計畫。」

完整登錄挪威森林的計畫在全世界是一項創舉。其他歐洲國家只做過局部的評估，但沒有國家嘗試挪威的計畫。挪威的國家森林資源清查證明是一個轉捩點。它讓政府清楚地了解哪些森林地區遭到濫伐，哪些仍然茂密生長，以及哪裡生物多樣性最高。政府可以根據這些了解明智地決定哪些地區可以安全地砍伐，哪些需要保護以確保野生棲息地和至少保留一些原生林。

今日挪威的立木材積是一百年前的近三倍。精確地說，挪威有八億二千三百萬立方公尺的造林，其中每年砍伐八百萬到一千一百萬立方公尺。由於造林速度是砍伐的兩倍，挪威隨時都在增加林地存量。它已有足夠的樹木吸收近六〇%的溫室氣體排放。當然事情並不完美，只有四%的挪威森林是原生林，其餘大部分是相當新的種植林，種來供商業砍伐。該國的許多片原始森林在十九世紀遭到摧毀，導致生物多樣性縮減。儘管如此，挪威的森林資源清查是一個創新的概念，讓挪威能夠比幾乎所有其他國家都更有效保護它的自然資源。

在一九六九年耶誕節之前兩天，菲利普斯石油公司通知挪威政府，它在北海大陸棚發現一個大油田。這是幾個讓挪威在後來幾十年變成全球石油生產大國的重大發現之一。在頭二十年，奧斯陸把它增加的石油收入用於再投資於石油業本身，並斥資發展國內建設。但到了一九九〇年代初，由於石油收入超過預期且預測將再持續數十年，促使政府開始為未來做規畫。它為挪威設立石油基金，是一個為未來世代管理節餘的主權財富基金。

一九九六年，第一筆石油收入轉移給該基金。短短二十年後，這個石油基金已成為全球最大的主權財富基金，資產高達八千七百五十億美元。[28]它把它所稱的「人民的錢」投資在三類資產——股票、債券和房地產，都是挪威以外的資產。今日該基金持有約八千家從蘋果到雀巢的國際公司股權，相當於全球股市約一%的股票。該基金也投資數百億美元的政府債券，並建立一個龐大的房地產投資組合。它持有的數十件房地產中包含倫敦攝政街、紐約第五大道和時代廣場的建築。以達斯古普塔的描述，挪威正耗用一種形式的資本（海床下的石油），並把它轉換成另一種形式的資本（供未來世代使用的銀行存款）。

這聽起來似乎理所當然，但挪威是個例外。許多國家，特別是制度薄弱的開發中世界變成所謂資源詛咒的犧牲者。它們沒有善用收入以打造國家的未來，反而爭搶著盡快揮霍它們。原本應該是千載難逢扭轉國家前途的機會，變成了經濟學家所說的尋租（rent-seeking）機會，讓當權者和攀附者大肆中飽私囊。

這種情況不限於開發中國家，即使是制度運作大致良好的英國，也被指控浪費其石油收入。和挪威一樣，英國受益於在北海發現的大量石油。但和挪威不同，英國只是耗用收入。從一九七〇年代迄今，石油公司支付約三千三百億英鎊給英國財政部。既有的世代以經常性支出、較高的投資——其中一部分至少號稱投資在可持久收益的資產——和降稅的形式，從這些意外之財獲益，但沒有明確地保留給未來的世代。英國沒有設立石油基金。隨著石油蘊藏在約二〇一〇年開始減少，石油業變成國家財庫的負擔也愈來愈明顯。政府非但沒有收入，而且已承諾補貼石油公司停用耗竭的油田。

如果石油是大自然的存款金庫，那麼北海銀行已經快倒閉了。

第十二章

幸福之神

幸福最大化的目的完全不是精於計算的刻薄，而是要促進一種關懷、進步的社會，在這種社會中，紓解不幸福者的痛苦比為已經滿足的人增加額外的幸福更重要。

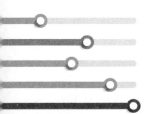

THE GROWTH DELUSION

WHY ECONOMISTS ARE
GETTING IT WRONG AND WHAT WE CAN DO ABOUT IT

經濟學家決定一個東西值多少常用的方法之一，是所謂的願意支付原則。有人願意支付多少錢買一個有形的物品，如一個塑膠Pez糖果盒，或無形的東西，如未受汙染的海灣景觀或更多休閒時間？例如，一八三二年去世的偉大英國哲學家邊沁（Jeremy Bentham）的頭值多少？本書對談到許多我們對某些事物訂價的懷疑，以及我們很難為一些真正應該訂價的東西訂價，例如汙染、家事和大自然，現在總算有一個簡單的問題能得到一個簡單的答案：邊沁的頭價值十英鎊。[1]

我們知道值十英鎊，是因為一九七五年倫敦大學學院的學生挾持了邊沁的頭，擁有它的倫敦大學學院同意支付十英鎊以交換歸還頭。這個出價被接受了。以經濟學來看，就幾乎是個完美的結局。

倫敦大學學院怎麼會擁有邊沁的頭，是一則古怪的故事。邊沁把大半生涯貢獻在寫有關人為什麼快樂的文章，晚年時他那顆十英鎊的頭想到，他死後身體應該得到妥善的保存。這個念頭強烈到他最後十年口袋裡隨時帶著兩顆玻璃眼睛，以便遺體保存者在突然需要時有東西可以裝進他的眼窩裡。他在遺囑裡要求遺體要製成木乃伊，然後穿上黑西裝，並保存成「自我肖像」，端坐在玻璃櫃中。對一個與什麼能讓你快樂的概念關係密切的哲學家來說，我想對他最後遺願的合宜反應是「只要我快樂，有什麼不可以」。

邊沁的身體今日確實保存在一個有玻璃門的櫃子，放在倫敦大學學院的南修院大廳。遵照他的遺願，現在他偶爾還被搬出來（沒有連同櫃子）參加會議，例如二〇一三年由他主持的校務理事會議。❷（會議紀錄顯示他出席，但未投票。）對邊沁來說，遺憾的是他的頭已經不在他的脖子上。在他以八十四歲高齡去世時，遺體保存技術拙劣，所以他的頭用一顆蠟複製品取代。他的頭原本保存在木櫃中，一九七五年被惡作劇的學生為籌募慈善款而偷走。現在它被單獨保存在安全的地方。

事實上，本章與邊沁的頭價值多少的關係，不如與他頭蓋骨下面的東西。他是快樂或悲傷的？我們今日該如何詮釋他對人的快樂的想法？更精確地說，本章的主題是衡量快樂是否真的辦得到，是否值得費心探究。

在經濟學，快樂的討論一直被不丹和這個多山的小國倡導的所謂國民幸福指數（GNH）挾持。如果你向別人提到衡量快樂，他們會帶著「我知道」的表情說：「什麼？好像不丹嗎？」我後面會再談到不丹，但有關快樂的討論，較有趣的是美國和歐洲的主要大學對衡量快樂的嘗試。

一九七四年，賓州大學經濟學教授理查德．伊斯特林（Richard Easterlin）發表他歷史性的論文〈經濟成長是否改善人類的福祉？〉，此後研究人員便以心理學、神經科學、經濟學和社會學來探究快樂的祕密。伊斯特林率先提出對於把所得和快樂連結在一起的質疑，宣稱一旦達成特定程度的富裕後，再增加所得並無法帶來更多快樂。這是個激進的想法，因為它否定成長最大化是改善福祉最佳方法的觀念——一個已凌駕政府政策目標的觀念。

從那時候起，經濟學家已變得愈來愈對定義和衡量快樂感興趣，也愈來愈關心何種條件和政策可能帶來快樂。據一項統計，有超過一萬篇學術論文以此為主題，而且西方政府也定期調查個人報告的快樂程度。簡單地說，快樂已變成極其嚴肅的事。而任何有關這個主題的討論都會提到邊沁。

邊沁是英國哲學家兼社會批評家，一七四八年生於倫敦獵犬溝渠街，父親是一位富裕的律師。邊沁小時候即聰穎過人，據說他三歲時就開始學拉丁文的變格法，十二歲時就進入牛津大學。十八歲成年時取得碩士學位，並且很快放棄他厭惡的律師執業，把人生奉獻給寫作和推動社會改革。

邊沁是個自我中心的人。如果有關他的木乃伊化頭的故事還沒有讓你相信這一點：有一次他寫信給內政部，建議把它的各部門用一個「談話管」連結成網絡以協助溝通。你可以稱他為網際網路之父。他也擬訂興建一座圓形監獄的計畫，讓一名警衛可以同時觀察所有囚犯。邊沁是社會改革家，他寫尖銳的文章談論從兩性平等到國家刑罰的各種議題。他的哲學「基本公理」是「最大多數人的最大幸福就是對與錯的標準」。

就一個兩百年前就寫出這些句子的人來說，這確實很先進，但就經濟學的故事而言，至少是我說的，邊沁可能既是英雄，也是惡人。邊沁經常被視為功利主義學說的創始人，該學說主張促進全體幸福的行動就是正確的行動。邊沁寫到這個概念時說：「大自然把人交給兩個至高無上的主人，痛苦和快樂。只有它們能指出我們應該怎麼做。」❸

邊沁的概念決定於功利（utility）的原則，而他對功利的定義不在於有用處，而是「任何傾向於帶來利益、優勢、快樂、良善或幸福的東西所具備的性質」。他的概念可以總結為幸福的最大化，而且他清楚地表示社會的目標應該是總幸福的最大化，而非特定個人的幸福。

邊沁的功利觀念後來被彌爾（John Stuart Mill）繼承，成為現代經濟學的基礎。經濟學基於這個概念而幾乎像是一門機械科學，追求功利最大化的行動者——人，即你和我——以各自的理性利益為目標。如果市場的運作順利，受益的不僅是行動者，整體社會也同蒙其利。這種解釋借用許多物理科學的概念。機械論勝過道德論，它的出發點是當個人不受干預時，市場的運作效能將是最大的概念。在這裡邊沁的功利與斯密看不見的手結合，形成理性行為者在既有限制下可創造最佳結果的世界觀。「屠夫、釀酒者和麵包師傅並不是好心滿足我們晚餐想吃喝什麼，而是出自自己的利益。」斯密寫道。

邊沁的功利是個人的決定加起來成為更大整體的機械論。新自由主義者主張，市場是「一個巨大感應器，感測數百萬個人的渴望、意見和價值，並把它們轉換成價格」。❹

邊沁反對抽象哲學概念如良善、責任、錯與對。柏拉圖和亞里斯多德說得頭頭是道，但這些名詞究竟是什麼意思？邊沁想，不如拋棄這些「虛構的」概念，而根據我們知道很真實的東西如快樂與痛苦來探究事物。

他的世界觀可能和葛雷戈林（Thomas Gradgrind）很像。狄更斯小說《艱難時世》（*Hard Times*）中的教育局長兼工業家葛雷戈林，是根據當時的維多利亞功利主義者樣板塑造的。狄更斯寫道，葛雷戈林是「一個講求事實和計算的人。他的行事原則是二加二等於四，不多不少……他的口袋裡隨時帶著一把尺和一根秤，和一張乘法表，準備量稱任何人性的包裹，並告訴你量稱的結果」。

這可能是邊沁思維的諷刺，但功利可以衡量——通常是賦予價格——的概念已支配了現代經濟學。理性選擇理論說，如果讓每個人自己做決定，就能為最多人創造最好的結果。這是經濟人（Homo economicus）的起源，「是一個有點悲慘的看待人類的觀點，認為人會不停地計算，為事物訂價格，任何時候都神經質地追求自己的利益」。[5]這讓邊沁變成了「後來被稱為『根據證據做決策』的發明人，意思是說政府的干預可以完全去除道德或意識形態的原則，並純粹以事實和數字為指南。只要政策是根據可衡量的結果來評估，或以成本效益分析來計算其效益，就一定是受到邊沁的影響」。[6]

它也讓邊沁在衡量經濟成長這件事成為舉足輕重的人物，衡量經濟成長尋求為人類活動的總和貼上一個單一數字的標籤。採用邊沁的思想，可以說是讓整個經濟學的學術在大約一百五十年前脫離軌道。邊沁對幸福的偏狹定義——快樂的經驗和沒有痛苦——讓經濟學走上稱重量和量大小的葛雷戈林之路。這種世界觀容不下更廣闊、更崇高的亞里斯多德以美德、友誼和個性的形成為中心的幸福（eudaemonia）概念。這些都是無法衡量的虛構物，對這位偉大的功利主義者沒有多大用處。[7]

從這個觀點看，邊沁的理念是一種今日稱為經濟學的無血性、功利最大化版的人性，但邊沁的寫作中還潛伏著另一種較有人情味的版本。事實上是較幸福的版本。要知道那是什麼，我們必須前往倫敦經濟學院（LSE），拜訪「幸福經濟學」在那裡找到的最偉大先知之一。

對一位勳爵來說，理查·萊亞德（Peter Richard Grenville Layard）屬於不裝腔作勢的那一類。在這座平淡無奇的大學建築大廳迎接我的是一位滿頭銀髮、言談溫文的男人。他完全沒有一些成功人士的氣派，而是自然散發一種自在的氣質。他的眼睛閃著亮光，以八十二歲的高齡來看，他輕巧的腳步有如裝了彈簧。從二〇〇〇年被封為英國上議院終身議員後，他一直是上議院的議員，但他保持完全不修邊幅的學者風格，穿著休閒褲和舒適的鞋子。有一個細節特別凸顯，他的夾克翻領別著一枚白色徽章，上面有「幸福行動」（Action for Happiness）幾個字。

萊亞德過去四十年來持續提倡幸福的目標。原本是勞工經濟學家的他，專注於失業和不平等的研究，在一九七〇年代對興起的幸福學說產生興趣。除了幸福本身，萊亞德也十分關注心理健康與疾病。身為邊沁的信徒，他相信幸福最大化的目的完全不是精於計算的刻薄，他說，而是要促進一種關懷、進步的社會，在這種社會中，紓解不幸福者的痛苦比為已經滿足的人增加額外的幸福更重要。對萊亞德來說，真正對邊沁的詮釋帶著一個深刻的人道訊息，指引我們邁向一個合作和競爭一樣重要的社會。他說，社會的目標應該是「在世界上創造盡可能多的幸福。文明社會的標記是人們的生活都能樂在其中」。

萊亞德買了三明治當我們的午餐。他拿著棕色紙袋，帶領我到他的小辦公室。在談話當中他不時從座位彈起，從書架拿起一本書，翻開到一張世界各國幸福度比較表，或顯示在特定期間個人幸福程度的資料。根據一張個人偏好活動的評分表，研究人員發現人們很享受性愛，很討厭通勤。我心裡想，為了一半的研究經費，我可能也會這麼告訴你。

萊亞德對幸福採取比一般希臘哲學家略微狹窄的觀點。「亞里斯多德沒有完全說對，但邊沁說的完全沒錯。」他說。和邊沁一樣，他認為幸福是真實而可以衡量的東西。同樣與邊沁的觀點一致的是，他認為任何社會的目標應該是為最多數人謀求最大的幸福。「現在感覺不幸福的人非常多。」他搖頭說，感慨他四周充滿不幸福的人，原因則是社會的種種現象如家庭破裂、慢性疼痛、長期失業和他認為的盲目追求金錢和物質享受。

他交替地使用幸福和人生滿意度兩個詞，雖然他顯然較偏愛更直接的「快樂」。但政策制訂者對快樂的概念感到不自在，雖然他們在日常生活中很重視這個概念。「也許他們之中有很多人根據能不能讓他們快樂來做重大決定。要娶誰或做什麼工作？你的孩子在學校快樂嗎？幾乎沒有一個問題比它重要。」他以沮喪的語氣說，像是一個敲打同一面鼓幾十年的人。「但他們並不認為國家也應該這麼做。當談到快樂時，他們想，那太可笑了，快樂是無法捉摸的東西。」

所以他修改過他的用語。「你該怎麼說才能讓決策者認真看待你？這向來是我的策略。大多數決策者對『生活滿意度』沒有什麼意見。他們很習慣問別人『你對收垃圾或醫院感到滿意嗎？』。」這些問題與問他們對自己的生活滿不滿意差距較小。

政治人物注意生活滿意度，可能有個人利益的原因。柯林頓總統認為國家經濟總是能決定選舉的結果，這已證明是可疑的說法。事實上，追蹤幸福度的政治人物較能掌握他們重選的成敗。倫敦經濟學院發表的一篇論文以一九七三年來每兩年做一次的歐洲氣壓計（Eurobarometer）調查，來比較歐洲各國的選舉結果。這項涵蓋逾一百萬名隨機抽樣受調者的調查問民眾：「整體來說，你對你過的生活：一、很滿意，二、還算滿意，三、不是很滿意，或四、很不滿意？」該論文發現，問題的答覆是「選舉結果的可靠預測指標」，比包括GDP在內的其他衡量標準更能用來指示投票意向。[8]所以，萊亞德對柯林頓說：「笨蛋，問題是快樂。」

在幸福的新「科學」中，有幾個方法可以衡量研究人員所謂的主觀福祉。一個方法是依賴快速進步的神經科學。威斯康辛大學的戴維森（Richard Davidson）藉由連接電極到頭皮來衡量人的情緒。當人觀賞有趣的影片時，左腦——與快樂有關聯——變得更活躍。恐怖影片會刺激相反的反應。左腦天生較活躍的左腦人通常較快樂。右腦人傾向於較少笑，被他們的朋友評估為較不快樂。對萊亞德來說，這種科學證實快樂是真實且可衡量的假定，且「大腦活動和情緒之間有直接關聯」。

不過，大部分有關幸福經濟學的研究仰賴與編製成長統計數字一樣的基本技術：蒐集調查資料。藉由詢問人們的感覺來評估快樂程度已發展出無數種方法，但我們必須區分不同種類的快樂。有些調查專注在所謂的情緒——詢問人們現在有什麼感覺，以及前一天的不同時候有什麼感覺。英國的國家統計局問：「整體來說，你昨天感覺有多快樂？」

通常經濟學家研究國家幸福程度較偏好的調查，著重於所謂的生活滿意度。一項範圍最廣、涵蓋一百五十個國家的調查，要求民眾以一份稱作坎特里爾階梯（Cantril Ladder）的十一點量表，來評估他們的生活品質。他們被要求想像一道階梯，並給他們的生活滿意度一個適當的級數，最好的生活級數為十，最糟的為零。在歐洲社會調查問的另一個問題是：「把所有事情考慮進去，你認為自己有多快樂？」回答的等級從零到十。另一個世界價值調查提出一個類似的問題，但要求給自己從零到三的評級。「把所有事情考慮進去，你會說你：很快樂、相當快樂、不很快樂，或很不快樂？」這類問題是萊亞德認為最能得到有用結果的問題。

好消息是，對幸福經濟學做的不同調查得到的結果似乎很一致。藉由詢問人們的感覺和對他們做實驗來衡量快樂得到的結果大體上類似，用不同類型的問題和不同量表做的調查結果也差不多。但萊亞德認為，幸福衡量還不夠扎實，不足以根據它們的發現制定公共政策。在他的著作——猜中書名是《快樂》的人沒有獎品——他以令人欽佩的直率文字表達：「幸福應該成為政策的目標，國家幸福的進步應該被深入衡量和分析，一如經濟成長。」他對我說：「GDP無法告訴我們想知道的幸福。」

我忍不住問他感覺自己是否快樂。他的研究照理說能給他一種意義感，這是生活滿意的關鍵之一。他聽到這個問題時，眼睛閃著淘氣的光芒（而且無疑的料到我會這麼問），我想他的回答是開玩笑的：「如果太常想自己的快樂，會讓你變不快樂。」想了解他這句話的意思，唯一的方法是把電極接到他頭上。

你可能問，他們在歐洲北部的水裡摻了什麼東西？從二〇一二年世界幸福報告第一次公布以來，每年北歐國家都占據地球最幸福國家的排行榜前幾名。[9]二〇一六年的報告也不例外，全部五個北歐國家排名在前十名中。這對一群與黑暗關係密切的國家——尤其是在太陽很少露臉的冬季月分特別貼切——實在不容易。想想北歐黑暗劇（Nordic noir），史特林堡（August Strindberg）陰暗到可笑的戲劇，和孟克（Edvard Munch）令人不安的畫——一個吶喊的人，背景是飄浮的橘色天空。更不要說北歐國家的一些稅率高居世界之冠。你可能想，這聽起來不像幸福的配方。但斯堪地那維亞人卻是世界上最滿足的人。如果再加上荷蘭、瑞士，以及稱得上美洲斯堪地那維亞的加拿大，幾乎是一面倒的勝利。另外兩個躋身前十名的是澳洲和紐西蘭，兩個北歐對蹠點的國家。

下表是世界各國根據坎特里爾階梯量表排名前十名最幸福的國家和最後十名，量表最高為十，最低為零。[10]前十名和後十名國家之間的落差超過四分，後十名主要是下撒哈

表四

前十名（滿分為十分）	後十名（滿分為十分）
1. 丹麥 (7.526)	148. 馬達加斯加 (3.695)
2. 瑞士 (7.509)	149. 坦尚尼亞 (3.666)
3. 冰島 (7.501)	150. 賴比瑞亞 (3.622)
4. 挪威 (7.498)	151. 幾內亞 (3.607)
5. 芬蘭 (7.413)	152. 盧安達 (3.515)
6. 加拿大 (7.404)	153. 貝南 (3.484)
7. 荷蘭 (7.339)	154. 阿富汗 (3.360)
8. 紐西蘭 (7.334)	155. 多哥 (3.03)
9. 澳洲 (7.313)	156. 敘利亞 (3.069)
10. 瑞典 (7.291)	157. 蒲隆地 (2.905)

拉非洲國家，與其他調查的結果一致。丹麥是地球上最幸福的國家，蒲隆地最不幸福。

幸福的國家都是富國，不幸福的國家都是窮國。較高的所得確實帶來快樂，至少達到一定程度。這些結果支持了幸福是一種真實東西的衡量的說法。如果你認為幸福純粹是一個人的情緒或人格決定的事，你可能期待人會適應他們生活的任何條件，且世界各國會呈現類似的幸福程度。這肯定不是事實。在客觀條件很慘澹的國家，人們通常自認不幸福。

但幸福與否的差別，無法只

以所得來解釋。事實上，人均GDP前十名的國家只有挪威和瑞士登上最幸福前十國的排行榜。[11]所得最高的十國中有八國——包括盧森堡、卡達和新加坡等國——沒有進入超級幸福國排行。如果特定數量的物質舒適確實能帶來幸福，相對的，也有強力證據顯示幸福不能光靠所得。世界上最幸福的國家之一（排名第十四）是哥斯大黎加，但它只是排名第七十七富裕的國家，人均所得為一萬五千美元。[12]

拉丁美洲另外三個中等所得國家——巴西（第十七幸福）、墨西哥（第二十一幸福）和智利（第二十四幸福）——都比大多數較富裕國家的排名高。拉丁美洲國家在轉換中等水準的所得成為幸福上表現較佳。排名第二十三的英國分數幾乎與智利相同，雖然它的平均所得是智利的近兩倍。排名第三十二的法國和排名第五十的義大利表現還更差。義大利——以相對所得水準來看明顯的不幸福——排名低於幾個遠為貧窮的國家，包括阿爾及利亞、瓜地馬拉和泰國。甜蜜生活（la dolce vita）也只不過如此。

美國排名第十三幸福，大略符合它的人均所得，但可能低於許多美國人期待的水準。畢竟，《獨立宣言》把追求幸福列為人民至高無上的權利。以色列排名出乎意料地高居第十一，儘管該國處於幾近永久高度警戒狀態，相較之下，巴勒斯坦地區則一如預期排名在較不幸福的第一百零八名。中國雖然經濟大步邁進，在世界幸福排名中只拿到第八十三名。

墊底的十名中包括敘利亞和阿富汗，兩國都深陷恐怖的內戰中。其餘的都是下撒哈拉非洲國家。特別凸顯的是備受開發機構看好的盧安達，因為它在強人總統統治下解決貧窮問題獲得長足進步。但盧安達也是極權國家，仍籠罩在一九九四年約一百萬人在一百天內遭到屠殺的種族滅絕事件記憶中。盧安達晚近的物質進步不代表那裡是個快樂的地方，也許這不難理解。

根據這份報告的作者，幸福或不幸福國家有四分之三取決於六項因素，包括所得（人均所得）、健康的預期壽命、有人可以傾吐、信任彼此（約略等同於很少貪腐）、感覺有做人生決定的自由（有時被稱作行為力），和慷慨（捐款做慈善的習慣）。

萊亞德的研究較少專注在跨國比較，而是專注於各國內部決定幸福程度的因素。他利用從一九八一年持續做的世界價值調查資料，確認出七項幸福的主要決定因素。[13]它們是家庭關係、財務情況、工作、朋友、健康、個人自由和個人價值。他列出一張表，顯示對總幸福造成不利影響的各種事件，量度從十到一百，以一百代表極度幸福（見表五）。[14]

這張表凸顯幾個模式。找到穩定的生活伴侶能帶來幸福，但結婚還更幸福。當結婚

表五

事件	幸福減少分數
家庭收入減少三分之一	2
離婚狀態（而非結婚狀態）	5
分居狀態（而非結婚狀態）	8
寡居狀態（而非結婚狀態）	4
從未結婚	4.5
同居狀態（而非結婚狀態）	2
失業	6
工作不安全	3
失業率達到10%	3
健康（主觀健康減退20%）	6
沒有宗教信仰	3.5

的伴侶分手時，幸福程度大幅下降。一旦他們（假設分居一段時間後）離婚，幸福水準會略微回升，但無法完全復原。家庭破裂已變得愈來愈普遍，離婚在一九五〇年的美國仍不常見，但今日十五歲的美國人只有一半與生父住在一起。離婚被認為是美國年輕人自殺增加的最大原因。[15]

失業是雙重的打擊，因為它不僅影響收入，更重要的是打擊自尊心和意義感。即使是其他人失業也帶來不利影響，因為那讓所有人感覺自己的工作也難保，並破壞社會和諧。收入減少三分之一對幸福有負面影響（減二分），但不如其他因素嚴重，例如家庭破裂（減八分）。宗教信仰似乎也是幸福的來源，這個發現在美國比在較世俗的歐洲更令人鼓舞。對『上帝在我的生活中重要』這個問題回答「不」的人，比回答「是」的人平均感覺不幸福三．五分。

最後，健康很重要。人會適應一些健康問題，但慢性疼痛和心理疾病不容小看，而且——根據萊亞德——大多數是可預防的不快樂來源。對有心理健康問題的人，他建議認知治療法，他認為這比佛洛伊德式探索人的童年更能獲得較好自我療癒結果。在一些情況下他也建議使用藥物如百憂解（Prozac），並呼籲進一步研究較少副作用的更好藥物。萊亞德當然不是唯一建議以藥物緩解精神痛苦的人，在《星際大戰》（*Star Wars*）影片中扮演莉亞公主的嘉莉．費雪（Carrie Fisher），也是大聲疾呼支持精神病患的人，現在她的骨灰放在一個百憂解藥丸形狀的甕裡。[16]

萊亞德確信這些資料很齊全，所以認為政府政策應以幸福最大化為目標，而非成長最大化。「我們知道真正影響幸福的最大因素，是極其重要的精神健康，以及家庭、工作和社群裡的關係品質。」萊亞德說。

> 我們應更努力於教導父母如何當好父母，如果他們不想分手，應教導他們如何避免分手，協助他們解決孩子的行為問題等。所有這些事應該是公共支出的優先項目。而更快

速從倫敦到達利物浦並不是那麼重要，你絕不會因為從倫敦到利物浦要花多久時間而看到國家幸福有任何不同。

在我們的討論中還出現另外幾個有趣、有時候出人意料的政策建議，它們都源自萊亞德深信幸福和所得一樣重要。[17]有一些萊亞德的想法已經完全不流行，因為它們較不強調個人主義而偏重集體，例如在學校裡教導倫理。他知道自己可能被視為一個老古板，活在一個想像中較和善的電視發明前的時代。他的想法也經常違反直覺，因為他不迎合讓我們快樂的事情，反而主張停止他視為我們自我毀滅衝動的公共政策。萊亞德的國家有時候最知道該怎麼做。

他認為，人類的弱點之一是追求地位，而研究顯示這種傾向已深植於我們的基因。地位讓我們快樂，但萊亞德說，問題是可以競逐的地位只有這麼多。如果我是老大，你就不是。如果你獲得升遷，那麼我必須讓出我的地位。他比喻這種現象好像是坐在一個足球場觀眾席的人站起來以便看得更清楚。一旦我站起來，你也必須站起來，很快所有人都站起來。但每個人的視野又回復到原先的樣子，只是現在我們必須站起來才看得到。這種零和式的追求地位無法通過邊沁的社會幸福最大化的測試，不但得不到幸福，反而讓我們淪落至惡性的地位競爭和敗壞整體的幸福。

公共政策該如何解決這種人類與生俱來的渴望？萊亞德主張課稅。他說，人追求地位的方法之一是透過薪資。幸福研究顯示，加薪對已經富裕的人只能帶來少許額外的快樂，但比較起來減薪卻能帶來較多的不快樂。萊亞德的對策是對較高所得者課更重的稅，不僅是為了一般的重分配理由，也因為這種做法可以降低他認為會成癮，但終究徒勞無功的追求更高薪資的誘因。「我們很快就習慣於較高的所得——因此不會更快樂——但在這個過程中我們讓每個人都更悲慘。透過薪資追求地位意謂我們得更加辛勤工作，在這個過程中忽略了研究告訴我們對幸福更重要的東西——與朋友和家人相處的時間。上癮般的追求地位和收入就像抽菸。「我們往往用課稅來因應成癮性的支出。我們對香菸課重稅，而且這種做法正確……我們應該毫不遲疑地也對其他不健康的成癮性支出課稅。」[18]

他會對任何降低整體幸福水準的事物課稅或設置法規監管，例如吸菸或汙染。舉例說明，他會效法瑞典禁止直接對十二歲以下的兒童做廣告，理由是會灌輸兒童無法抑制的——和最後無法滿足的——消費欲望。法國的網際網路離線權（right-to-disconnect）規定企業不能要求下班後的員工回覆電子郵件，這種做法的精神與促進幸福的立法哲學一致。

對辛勤工作課稅不會影響成長嗎？萊亞德說，那又如何？生活的目的是幸福，不是國家經濟規模這類抽象概念。他支持重分配，即使那會使經濟大餅縮小，重分配到總幸福本身受到傷害為止。

萊亞德認為，穩定對人類的重要性超過經濟學家的認知。他援引研究指出，討厭損失的人與偏愛潛在利得的人比數為二比一。如果你問一個人，在賭丟銅板時，他們會要求贏多少錢以補償潛在的損失一百英鎊，典型的回答大約是二百英鎊。雖然經濟學家可能歸結這是非理性的風險規避，但萊亞德相信人類不喜歡損失和突然的改變。他會根據這些信念制訂公共政策。

「公共政策的目標應該是幸福，而非成長。」他說。為了追求想像中的效率而不斷改組公共部門，往往帶來混亂多於生產力提高。經濟學家太執迷於理論上能提高效率的勞工流動性，卻無視於在人口大量流動的地區造成社會破壞、疏離和犯罪增加等隱形成本。「低犯罪率的良好預測指標之一，是走十五分鐘的路能遇見多少朋友。」[19]流動性和汙染一樣，也有隱藏的成本。政府應把這一切納入計算中，不管是透過課稅或獎勵地方性的就業。

儘管幸福經濟學有走向重分配政策和社會主義政策的傾向，它卻可能誤入較難預測的方向。由於健康——特別是精神健康——在人的幸福扮演極其重要的角色，萊亞德認為解決健康問題比消滅貧窮重要得多。他舉研究說明，政府藉由投資更好的精神健康服務花費的錢，要比透過消滅貧窮製造同樣的效應便宜十六倍。「說精神健康是比貧窮更重要的問題會讓一些人很生氣，但證據如此明顯，我們無法否認。」

萊亞德談論的許多內容聽起來很熟悉。課重稅、強調社會信任，和一個不怕干預的國家。你可能稱它為保母國。你可能稱它斯堪地那維亞。萊亞德對這兩個影射都不生氣。他說，斯堪地那維亞國家確實在促進他認為較健康、較能提升幸福的價值上做得可圈可點。這類政策都不是過度建立在達爾文的適者生存，以及斯密看不見的手的基礎上——萊亞德稱之為盎格魯撒克遜社會的兩大教條。它們建立在一種共同目的感和共同努力上。

他舉一項調查作為證明：年齡十一歲到十五歲的瑞典青少年，有七七％贊成「我班上的同學大多數很和善和樂於助人」的說法。在美國，只有五三％的青少年同意這一句描述，在英國這個比率只有四三％。看起來英國較擅長教導青少年力爭上游。瑞典較擅長教導他們合作相處。

誰會反對幸福？如果衡量幸福有助於政府制訂更好的政策，那麼我們當然應該擁抱它。幸福指數甚至可能變成一項輔助標準成長衡量的工具，即使不是完全取代它。但在我們過度熱情地擁抱幸福經濟學前，我們應該考量幾個存疑的理由。

幸福的衡量方法問題之一是，它以有限的量表來衡量。在最常被使用的調查方法中，參與者被詢問他們的幸福程度，從代表「完全不快樂」的零分，到代表「極快樂」的三分。不過，所得的衡量卻使用無限度的量表，因為理論上它可以無限增加。因此比較這兩者似乎不合理。萊亞德從一九五〇年以來就經常寫道：「美國人的生活水準雖然提高為兩倍多，但並沒有更快樂。」然而幸福的程度卻因為衡量的方法而不可能加倍。

以目前這種方法衡量幸福有其道理。幸福可能是一種有限的東西，你無法無限地增加它。但這個事實可能限制它當作政策工具的效用。採用這種三分衡量法的美國幸福調查，通常得到的結果約二・二分。如果要大幅改善這個分數，將需要讓數千萬人突然從「不很快樂」提升到「快樂」，或從「快樂」提升到「極快樂」，而這很不可能辦到。這表示很難確定幸福與所得、甚至任何事物的關聯性。例如，美國的公共支出從一九七三至二〇〇四年幾乎增加一倍，即使已調整通膨因素。在英國，公共支出在同一期間增加六〇%。「但在這兩國，調查的幸福程度只增加二%。」對幸福調查抱持懷疑立場的奧梅羅德（Paul Ormerod）寫道：[20]「如果我們仰賴幸福資料作為政策的基礎，有人可能合理地懷疑，蓋這些學校和醫院有什麼用？」只有能輕易解釋的資料值得蒐集。一組四十年文風不動的資料似乎不值得花錢蒐集。「衡量幸福是一回事，期待整體社會的幸福是可以衡量的，或對政策干預做出可理解的反應，則是另一回事。」

萊亞德反駁這種觀點太過簡化。分析這些資料將可看到一個更細微的圖像：較高的所得和社會支出能改善幸福到某個程度，但卻被其他現象所抵銷，包括社會信任下降、惡性競爭的壓力和犯罪增加。幸福可能是一種不完美的衡量標準，但放棄它而支持衡量成長——也是很不完美——只是選擇較簡單、但不合理的選項，「就像在燈柱下尋找鑰匙，只因為在那裡看得較清楚」。正確的做法是，「我們應該尋找我們想要的東西，不管應該在哪裡找它。」[21]

第二，社會工程的一個元素可能很快滲入幸福經濟學。所得的優點是，你可以隨你高興怎麼用它。一旦我們開始嘗試研究什麼能讓人快樂，你不難想像可能出現一個美麗新世界，在其中政府不斷刺探人們的想法，用藥物來確保他們都很快樂——而且溫馴。萊亞德寫道，雖然赫胥黎（Aldous Huxley）的小說有意讓他描述的現代反烏托邦看起來「令人厭惡和具有威脅性」，但讓人感覺良好的藥物本身不是壞事。「如果有人發明沒有副作用的快樂藥丸，我不懷疑大多數人會偶爾使用它。」

但我們真的希望國家公開領導我們所有人邁向內在幸福的道路嗎？也許更糟的是，我們真的希望國家利用看不見的誘因——禁止某種廣告、鼓勵遷移到某個新城市找工作的稅務優惠——激勵我們做「較快樂」或「較明智」的行為？即使你不是自由放任主義者，也看得出這裡面不只是有一點老大哥（Big Brother）。

此外，幸福研究——雖然往往由左傾的經濟學家提倡——有時候指向一個相當家長式的保守世界觀。穩定的婚姻關係和宗教信仰是福祉的兩項重要因素。我們應不應該對離婚課稅和補貼上教堂？我們甚至可以從字裡行間讀出鼓勵人們滿足於自己的命運，包括他們的社會地位，因為不斷追求更高的生活水準被視為破壞幸福的愚行。這聽起來既家長式威權，又壓抑野心。正如川普可能會說：「快樂？真悲哀。」

你甚至可以把追求幸福視為反對現代化或經濟發展的論點。這就是不丹——一個人口只有八十萬、夾在印度和中國之間的小國——出場的時候。一九七二年，還是個少年的不丹第四任國王旺楚克（Jigme Singye Wangchuck）宣布成為第一個以國民幸福指數（GNH）、而非GDP為首要政策目標的國家。他的命令被許多開發經濟學家讚譽為開明之舉，也承繼了該國強調幸福的悠久傳統。不丹訂於一七二九年統一之初的法典寫著：「如果政府無法為其人民帶來幸福，就沒有存在的理由。」[22]

GNH的幸福不同於大多數西方學者研究的幸福。不像萊亞德的研究，GNH不強調主觀的福祉或自己報告的幸福感，它發想於一種佛教徒的「客觀」幸福觀點，由GNH指數（如後面的列表）的九個根本領域構成。它也與邊沁版的幸福概念不同，邊沁的幸福觀是一種主要透過個人的苦樂感察覺的現象。

二〇〇八年，不丹第一位民選總理廷禮（Jigme Thinley）這麼說：「我們已明確地區別GNH的快樂……不同於常被以這個詞描述的短暫快樂情緒。我們知道真正長久的快樂無法與其他人的痛苦共存，它只能來自服務他人、和諧地生活在大自然中，以及體會我們內在的智慧和我們自身精神真正光明的本質。」

不丹政府的「國家人類發展報告」描述這個目標說：「不丹尋求建立一個快樂的社會，在這個社會中人民安全無虞，所有人民都有過好生活的保證，所有人民享有良好的教育和醫療。這是一個沒有汙染或破壞環境的社會，一個免於侵略和戰爭、免於不平等、文化價值日日獲得強化的社會。」

好得不像真的？這項指數的內容如下：

1. 精神福祉
2. 健康
3. 時間使用
4. 教育
5. 文化多樣性與韌性
6. 良好的治理
7. 社群活力

8. 生態多樣性與韌性
9. 生活水準

不丹把這些領域列為優先目標的根本概念，是為了避免貧窮國家貿然投入開發的命運。快速的開發固然有時候帶來更快的成長和更大的經濟體，但副作用往往包括都市貧民窟、社會疏離、不平等擴大、破壞森林與河流、空氣汙染，以及文化遺產甚至認同感的淪喪。GNH理論上能提供一個不同的指南，指向一個更人性、更文雅的開發形式。計畫式政策——包括興建水壩或開發首都廷布——必須通過某種GNH影響的審查，就像其他國家的提案必須通過環境影響研究。

開發確實是一件麻煩的事。直到一九九九年，不丹還禁止電視。在電視合法化後，不丹人接觸了萊亞德所稱的「常見的足球、暴力、性背叛、消費廣告、摔角的混合」。接下來無法避免的是，毫無防衛的不丹人即將有網際網路！有電視的結果是可預測的：家庭破裂、犯罪、使用毒品，和校園暴力。但如何因應資訊氾濫還是個未知數。無疑的接觸有這麼多誘惑的現代世界絕對不會帶來滿足。即使我們經常把現代之前的世界理想化——淡化文盲、男性支配和疾病流行的缺點——至少我們必須承認有時候無知就是幸福的可能性。但談到公共政策，家長式的思維或赤裸裸的威權主義確實很危險。

這個方法管用嗎？畢竟，不丹正進行一場大幅度的轉型，即使以財富急遽增加的國家如印度和中國的標準來看也很劇烈。在一九五三年前，不丹還是一個封建國家。它第一條鋪設路面的道路建於一九六二年。現在不丹是一個近似議會政治的民主國家，有民選的總理和君主立憲制。快速發展無可避免地伴隨一些常見的利弊交換，例如道路和水壩汙染了過去的天然美景，一度滿足於基本生活水準的人變成不快樂的城市居民，奮力追求現代（且可能無法企及）的生活方式。

「如果不是沒有選擇，誰想過勉強餬口的農耕生活，清晨四點起床和打水？」長期擔任前國王貼身顧問的皇室成員杜吉（Paljor Dorji）告訴記者：「一旦你教育人民，沒有人想再過和他們父母輩一樣的悲慘生活。」[23]

廷布的開發受到嚴密的控制，政府尋求提供足夠的道路、下水道和學校。我們不能拿小小的廷布來比較孟買這類龐大的巨型都會，光孟買的人口就有整個不丹的二十倍，但任何人如果到過印度、印尼或菲律賓規畫不周的城市就知道，蜂擁而入的人可能帶來夢魘般的都市問題，如髒亂、汙染、堵塞和疾病。

對照之下，不丹的現代化經過規畫且受到限制。如果你想在廷布蓋房子，你不能隨便搭個鐵皮屋或從附近的電線桿偷接電。營建必須採用傳統不丹建築的設計，包括斜屋頂和有鮮明特色的窗戶。人們被強烈鼓勵在公共場所穿著民族服飾。不丹限制觀光客人數，並且透過最低額支出的要求，確保只有高消費觀光客能來觀光。「廷布是一個愉快的散步城，沒有許多印度城市的混亂和擁擠。民眾很和氣，商人沒有南亞常見的強迫推銷，甚至流浪狗看起來也很友善。那裡沒有貧民窟。」一名記者寫道。[24]

儘管如此，不丹不是香格里拉。它是一個低中等所得國家，人均所得調整當地物價後只有略超過八千美元。[25]它的識字率低，雖然政府以良好的教育作為幸福的標準，只有五五％的不丹女性能讀和寫。在遠為貧窮的孟加拉，五八％的女性能讀寫；在不比不丹富裕的菲律賓比率還更高，女性的識字率達九七％。[26]不丹的醫療服務也不特別突出，雖然政府在國家人類開發報告中特別強調醫療。預期壽命略低於七十歲，在世界排名第一百一十四。相較之下，古巴的預期壽命為七十九歲（排名第三十二），而古巴致力於追求共產主義而非幸福；智利為八十一歲（排名第二十八），而智利在獨裁統治下的初期發展，是由芝加哥學派經濟學家所規畫的。卡斯楚（Fidel Castro）和傅利曼（Milton Friedman）都不是以快樂先生聞名。

不丹致力於文化保存經常受到讚揚。文化既被視為認同的來源，也被用來阻擋現代化較具腐蝕性的面向。在「文化多樣性和韌性」的類別下，GNH衡量人民能否流利使用十幾種方言之一、人們對十三種工藝技術的知識和興趣，包括鐵工和刺繡，以及人民是否遵守所謂的行為與著裝條例（Driglam Namzha），或者和諧之道。不丹人被期待每年要參與為期六天到十二天的「社會文化」活動。在二〇一〇年，只有三分之一的人口達到六天的理想門檻。（約一五％的人花十三天以上在這類活動，但未提及這是否被認為已經過頭。）

然而保存文化的概念掩護了許多罪惡。不是所有文化都一樣吸引人。文化可能意謂女性應該知道她們的地位或專心學習刺繡，而不必學習閱讀。在非洲部分國家，一項鼓勵文化保存的指數給女性割禮加分。在不丹文化，保存文化有時候意謂種族純淨。政府在一九九〇年代鎮壓尼泊爾族人，把數萬人逐出國外，被一些人權團體指控為種族清洗。[27]

根據不丹自己的評分，在二〇一五年，有九一・二％的人口感到幸福，比二〇一〇年做這項調查時的結果提高一・八個百分點。[28]深入各分項顯示，八・四％的不丹人感到「深刻的幸福」、三五％「廣泛的幸福」，四七・九％「些微的幸福」，只有不到九％被列為「不幸福」。調查的結果和進步的幅度似乎都顯示不丹政府的勝利，但對結果的解釋完全取決於你是否同意衡量的內容。不丹衡量的並非受調者自身報告，而是由官僚決定的各項指標得出的綜合結論，這難免令人懷疑。

有趣的是，在主觀福祉的調查中，例如二〇一六年的世界幸福報告，不丹在滿分十分中只得到五・一九六分，排名第八十四，落後中國的名次，排在吉爾吉斯之前。說我愛挑剔也好，但對一個公共政策以創造幸福為目標的國家來說，這個排名在我看來稱不上道地的成功。不丹雖然已變成幸福辯論的象徵，但它可能不是部分支持者想像的有力說服工具，而是無關宏旨的干擾。

不丹嘗試審慎地處理和因應開發問題是完全合理的事，如果完全聽任市場力量擺布和全球化變幻莫測的發展，尋求解決貧窮問題的窮國確實可能經歷激烈的錯置。然而我們應認清不丹的方法有其限制。

幸福經濟學可能較適用於富裕國家，因為對富國來說，累積愈來愈多所得無法解決所有問題。萊亞德的看法正確，幸福的衡量指出一些重要的面向，例如永無休止追求地位和金錢的虛妄、社群的重要性，以及安全感和穩定感。我們不需要把幸福衡量視為神聖，也能看出它們對政策忽視的領域帶來啟示，例如抑鬱和工作過勞。

不過，談到自身報告的幸福，有一件事是確定的：斯堪地那維亞國家做對了一些事。客觀地說，如果你追求的是主觀幸福，你最好是在特羅姆瑟（Tromsø；挪威北部城市），而不是在廷布。

第十三章

GDP 2.0

如果我們執迷的 GDP 所定義的成長是顧志耐努力的意外結果，馬里蘭的替代品「真實進步指標」（GPI）應該遠為貼近這位偉人的精神。你可以稱它為 GDP2.0 版。

THE GROWTH DELUSION

WHY ECONOMISTS ARE GETTING IT WRONG AND WHAT WE CAN DO ABOUT IT

如果顧志耐可以選擇在哪裡重新出生，他很可能選擇馬里蘭。這位GDP的發明人對自己衡量經濟活動的方法有嚴重的保留，因為它把許多「壞活動」計算在內，而且忽視許多讓生活有價值的東西。顧志耐認為把汙染、通勤和國防計算為正數是瘋狂之舉。同樣的，他支持一種更能抓住對福祉有無形貢獻的衡量方法。但在衰退和戰爭期間誕生的GDP走上出乎他意料的發展，到了顧志耐一九八五年去世時，它已正好變成他警告反對的東西——一個幸福的代表，以及身為消費者、製造商、政治人物、選民和市民的我們所應該渴望的一切事物的縮影。

如果我們執迷的GDP所定義的成長是顧志耐努力的意外結果，馬里蘭的替代品「真實進步指標」（GPI）應該更為貼近這位偉人的精神。你可以稱它為GDP 2.0版。馬里蘭州在二〇一〇年採用GPI。它並非發展於馬里蘭；它的歷史至少可追溯到一九七〇年代經濟學家諾德豪斯（William Nordhaus）和托賓（James Tobin）開始思考他們稱作經濟福祉的衡量方法。[1]他們以GDP作為基礎，添加過去看不見的「財貨」（goods）如休閒時間和未支薪家事，並減去他們古怪地稱之為「憾事」（regrettables）的項目，包括通勤時間、汙染和犯罪預防的支出。

學界和專業者多年來在同一主題上發展出許多變型，而從生態經濟學家赫爾曼・戴利（Herman Daly）研究誕生的GPI，則是在嘗試超越GDP的眾多衡量方法中最持久的一個。思考這些衡量方法的方式之一是國內生產淨值（NDP）。記住GDP中的「G」代表毛額，意即不計算資產的折舊，特別是自然資產，也不考量生產的副作用。這些替代的指標以GDP作為起點，希望藉由減去經濟中不好的項目，得出一個較合理的淨數字。和中國綠色GDP之父牛文元一樣，他們希望拆掉二十世紀最偏愛的經濟統計外表，發現裡面更真實的東西。

截至二〇〇七年，馬丁・歐麥利（Martin O'Malley）已擔任巴爾的摩市長八年，他在那一年被選為第六十一任馬里蘭州州長。歐麥利聘請馬奎爾（Sean McGuire）來改變衡量馬里蘭州進步的方法。馬奎爾說，歐麥利在市長任內「就非常注意數據……他真的認為數據能塑造決策。擁有標準、蒐集特定的資料組，然後確保那些資料組反映真正的情況——而非我們想像的情況——真的很重要。」

馬奎爾還是馬里蘭大學的學生時，就對另類經濟衡量方法感興趣，當時他在戴利門下學習生態經濟學。當歐麥利州長要求馬奎爾研擬新衡量法時，正好讓馬奎爾有機會發揮他多年來研究的心得。馬奎爾第一個想法是建議他最偏好的衡量法，稱作幸福星球指數（Happy Planet Index）。「它既優雅，又乾淨。」馬奎爾熱切地說：「它以你的幸福乘以你活在地球上多少年，再除以生態足跡。」

幸福星球指數有兩個大問題，一個是馬里蘭州未衡量幸福或其生態足跡，這讓馬奎爾惋嘆缺少相關資料。第二個問題還更根本，馬奎爾說：「我從未遇見過一個說『幸福星球指數』時不會笑出來的民選領袖。」在現實世界這很重要。沒有政治和民意的可信度，任何指數都派不上用場。衡量法必須被認真看待。如果幸福星球指數下跌，它就會成為晚報悲慘的標題，和在推特的推文中到處散播。有人會丟掉官位，選民會考慮拋棄他們選出的領導人。這種事絕不能發生。馬奎爾只考慮了五分鐘，就決定放棄這個指數。

當時他轉而採用已有四十年歷史的衡量法ＧＰＩ，它曾在日本到芬蘭等國家以不同形式被試用。馬奎爾說，ＧＰＩ的方法並不激進，它是真正提升版的ＧＤＰ。負責編製這項指數的馬里蘭州自然資源部說，ＧＰＩ根據三個基本原則計算。它調整被視為壞因素的所得不平等；它加入環境（例如濕地）和社會（例如志工）提供的非市場利益；它減去環境惡化的成本、犯罪預防或醫療保險支出，以及休閒時間損失等項目。整體來看，它使用二十六個指標，各以美元計值，以計算出一個類似ＧＤＰ的數字。這些指標分成經濟、環境和社會等類別，如表六所示。

馬奎爾表示，ＧＰＩ的優點之一是，馬里蘭州編製它不須蒐集別的新資料。「所有資料都直接來自聯邦單位，或我們已經蒐集的資料。」他說：「包括森林的總英畝數、濕地的總英畝數、債務、道路等。二十六項指標的每一項都是我們已經追蹤的東西。這是

表六

經濟指標	環境指標	社會指標
個人消費支出	水汙染成本	家事價值
所得不平等	空氣汙染成本	家庭變故成本
調整後個人消費	噪音汙染成本	犯罪成本
耐久消費品服務	淨濕地改變成本	個人汙染防治成本
耐久消費品成本	淨農地改變成本	志工工作價值
就業不足成本	森林植被改變成本	休閒時間損失成本
淨資本投資	氣候變遷成本	高等教育價值
	臭氧層消耗成本	公路與街道服務成本
	非可再生能源資源消耗成本	通勤成本
		汽車意外成本

一大優點。裡面沒有新資料，它只使用我們已經蒐集的東西，簡單重新組合而成。」

馬奎爾獲得一些撥款，雇用一名來自馬里蘭大學的實習生，然後著手編製美國史上第一套正式的州級GPI。他們兩人從二〇〇九年二月開始工作，到了十月，他們已製作好所有數字，並準備公布他們的發現，加上一個新架設的漂亮網站。由於資料的時間落後，他們最近期的GPI年分是二〇〇八年。他們大費周章從二〇〇八年發現了什麼？我問馬奎爾。「這是個好問題。」他回答：「我們什麼也沒發現。」

他解釋說，和GDP一樣，GPI只是一個數字，所以它本身無法透露很多東西。關鍵在於比較每一年的GPI。幸好馬奎爾能夠回溯計算馬里蘭州一九六〇年以來的GPI，而這透露出不少事情。半個世紀的資料清楚顯示出我們前面提到的一件事：雖然GDP持續成長，GPI卻停滯不前。換句話說，超越特定水準的所得後，再增加經濟活動製造的報酬率會逐漸降低——甚至報酬率降至零。這有一個原因。你可以增加GDP，例如藉由在綠地上蓋房子，或延長員工的工時，但從GPI的角度看，較高經濟產出的正數卻被破壞自然或休閒時間損失的負數抵銷。

馬里蘭州自然資源部的網站在解釋GPI的理論時，舉經濟擴張導致「都市爆炸性地向四方成長」為例。所有這些營建活動、新下水道系統、新道路和新汽車都計入經濟成長，但都市擴張也附帶一些成本，例如較久的通勤、社區消失、自然土地遭破壞，以及水和空氣的汙染。「我們在一個經濟體內進行金錢交易，未必表示我們能永續發展或變富裕。」這是純粹顧志耐的概念。

馬奎爾後來搬到俄勒岡州，在那裡協助該州進行類似的規畫。所以我打電話給接手管理馬里蘭州GPI事務的坎貝爾（Elliott Campbell）。我先問他GPI如何實際編製的更多細節，他說，第一是先計算消費。對我們付錢買實際需要的一切東西都記為正數，

表七

（單位：十億美元／每年）

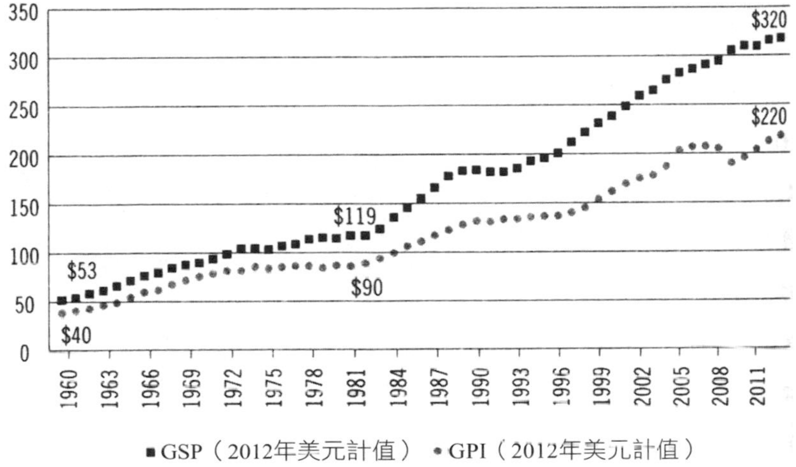

（注：GSP，Gross State Product；全州生產總值）

例如我們吃的食物、住的房子、假日和休閒活動。「如果你願意花錢在一件對你的滿意、對你的經濟效益有貢獻的事物，」他說，讓我想起邊沁，「我們就會在GPI的帳上把它計算為一個正數。」

但「如果你不願意花錢在某一件事物上，即我們所稱的防護費用，那就計在帳上的負側。」所以醫療保險、你的門鎖、法律服務、贍養費和孩子扶養費（記得分居或離婚對幸福的影響）、食物浪費、能源浪費和菸草都應減去。「汙染防治」、家庭和政府用於處理噪音汙染如裝設雙層玻璃，或減少水汙染如裝設過濾系統，這些支出也得減去。對正常的成長衡量來說，花錢看電影和買降膽固醇藥或防盜警報器，都未加區別地計為正數。

即使馬里蘭州編製ＧＰＩ只有短短幾年，它仍不斷改進中。現在馬里蘭州已能利用大數據來反映該州真正的消費模式，不像過去只能從全國資料推算估計數字。同樣的，該州利用衛星影像以更精確估計森林和濕地的保留區。我們可能數十年來就已知道成長難以正確衡量福祉、甚至市場活動，但新技術和大數據提供了改進衡量方法的機會。「顧志耐當然知道ＧＤＰ的局限，」坎貝爾說：「我想如果他有我們今日能夠獲得的這種資料，他會開發出ＧＰＩ。」

馬里蘭州無須進行特別的調查來計算ＧＰＩ，凸顯出一些重要的意義。我們的國民所得表早已擁有龐大珍貴的資訊，能讓我們發現我們的社會如何運作，以及哪些活動讓社會生病，但問題在於我們不選擇強調那些資訊。原因之一是ＧＤＰ一枝獨秀地變成了經濟成功的必要條件，重要到它模糊了大多數排在它底下的數字。許多重要資料在官方報告中被隱藏或掩蓋，或者埋在電子試算表密密麻麻的數字中。

馬奎爾說，如果我們社會的目標是成長的最大化，那麼問題將永遠是我們必須放棄什麼來達成它：閒暇時間、綠色空間、工作安全、防治火災或環保法規、公共服務？「基本上，我們總是問一個問題：『我們能為經濟進步犧牲什麼？』」馬奎爾說：「我們從來不問一個問題：『我們願意犧牲多少經濟進步，以確保我們的環境和我們的健康最後能保持在最好的情況？』」

馬奎爾記得他第一次為馬里蘭州提出ＧＰＩ的構想時，該州有人——一個他開玩笑地描述為「右翼狂人」的傢伙——指控他只是隨便提出他最愛的衡量方法。「他形容ＧＰＩ是『一塊占卜板和快艇骰子（Yahtzee dice）』，只是隨機的數字集合。這種批評總是讓我很在意。」馬奎爾強烈駁斥這種批評。他說，他幾乎原封不動採用他發現的ＧＰＩ，只做了最微小的調整以適應馬里蘭州的情況。對馬奎爾來說，ＧＰＩ是現成的指數，具有悠久的歷史。然而那個右翼狂人說出一個重點，也就是當我們權衡指數的正數和負數時必須做審慎的考慮。因為指數的特性之一是，你可以加入幾乎任何你喜歡的東西。ＧＰＩ是瑞典統計學家羅斯林（Hans Rosling）所說的「Excel時代的ＧＤＰ」。

ＧＰＩ中幾乎每一項東西都是一種價值判斷。烈酒就是個例子。適度的飲酒被計算為正數支出。誰不喜歡下班後喝一杯紅酒或啤酒？但任何超出被視為合理消費的東西在ＧＰＩ裡都是負數，必須減去花在「酗酒」上的錢。學術研究明確地指出酗酒占所有酒類消費的二五％，所以這部分被從ＧＰＩ減去而非加上。視你的政治觀點而定，你可能認為ＧＰＩ的根本價值判斷十分明智。香菸和破壞濕地：壞事。擁有住宅、工作與生活平衡、乾淨的空氣：好事。但我們必須承認這是主觀的。例如，ＧＰＩ計算你花在汽車上的時間是浪費，因為你可以在家陪小孩玩耍。不過，我可能喜歡開車而討厭把時間花在陪流鼻涕的小孩玩——即使是我自己的小孩。

ＧＰＩ說，如果你喝到醉醺醺，你就偏離了社會的福祉。我可以從喝兩杯找到慰藉，認為我怎麼花錢不干政府的事，即使是花很多錢在大量伏特加上。ＧＰＩ說不平等是壞事，因為研究顯示不平等的社會較不幸福。但你可以——就像許多人這麼做——辯稱不平等是必要的，這樣才能懲罰懶惰和獎勵辛勤工作及提出新創意的人。你可能覺得ＧＰＩ強調保護環境很合理，不過，你可能認為一種不知名的甲蟲或小斑喉鶯絕種，是交換你買大螢幕電視或存更多錢到小孩的大學信託基金可以接受的代價。

重點是這些指標是與自己有關的參考標準。它們會發出你希望它們發出的訊號。你把你認為重要的東西加入其中，然後指數顯示出你的表現如何。例如，斯堪地那維亞國家經常在人類發展指數（ＨＤＩ）名列前茅，一位批評家說，那是「因為基本上ＨＤＩ是一套衡量你的國家有多斯堪地那維亞的指數」。

在尋找取代——或改進——ＧＤＰ的衡量法時，我們必須認清綜合指數都有這個基本問題。

這段扯上斯堪地那維亞國家的批評，是維吉尼亞州喬治梅森大學經濟學教授布萊

表八

排名	HDI	人均GDP
1	挪威	卡達
2	澳洲	盧森堡
3	瑞士	新加坡
4	丹麥	汶萊
5	荷蘭	科威特
6	德國	挪威
7	愛爾蘭	阿聯
8	美國	愛爾蘭
9	加拿大	聖馬利諾
10	紐西蘭	瑞士

恩・卡普蘭（Bryan Caplan）說的，但他批評的不是有二十六個分項的GPI，而是更簡單的只有三個分項的人類發展指數（HDI）。HDI是第一個想取代GDP的嘗試，由巴基斯坦開發經濟學家哈克（Mahbub ul Haq）所發明，他曾評論GDP說：「任何衡量一枝槍的價值是一瓶牛奶幾百倍的標準，勢必引起它與人類進步關係的嚴重質疑。」哈克和沈恩共同編製的指數在一九九〇年推出。它本身很簡單，結合了三項元素：所得、識字率和壽命。雖然它經過修改後納入不平等的衡量，但基本前提並未改變。所得是以調整物價後的人均GDP來衡量；壽命是出生時的預期壽命；教育則結合識字率和學院

與大學的就學率。

表八是ＨＤＩ排名前面的國家，比較人均ＧＤＰ排名前面的國家。注意這是二〇一五年的情況，每年的國家和數字變動很大，尤其是人均ＧＤＰ。

在傳統ＧＤＰ表現優異的國家中，只有三個——挪威、愛爾蘭和瑞士——名列ＨＤＩ前十名。其他七個ＧＤＰ明星國家在轉換所得成為健康和教育上表現欠佳。另外，美國未能列入人均ＧＤＰ的前十名，但在ＨＤＩ前十大卻榜上有名。

從表面上看，ＨＤＩ沒有太多可以反對的，本書作者喜歡它比傳統成長衡量法更平衡。但卡普蘭對它的批評既有道理，也失之苛刻。它的三項衡量標準——所得、預期壽命和教育——得分介於零到一，最高分為一。「這實際上表示如果一個國家人口都不識字且從未上過學，即使他們長生不老和有無限的人均ＧＤＰ，也只能得到〇・六六六分（低於南非和塔吉克）。」卡普蘭諷刺地說。此外，如果一個國家要在教育上得一分，就必須讓每個人當永久的學生，這未必是理想的做法。（誰來教他們？）另一方面，理論上所得可以不斷增加，但在富裕國家，它已接近最上限的一，幾乎再也沒有改進的空間。這是因為哈克和他的同事認為所得超過一定的水準時已不具重要性。因此，和其他指標一樣，人類發展指數告訴你的只是你想聽的事。「人類發展指數的終極問題是，」卡普蘭寫道：「缺少野心。它事實上宣布一個『歷史結束』，把斯堪地那維亞國家視為人類成就的高峰。」[2]但各種指數有其用處。衡量法是有力的工具。如果我們衡量某種我們視為有利的東西，政治人物會設計出政策來把那個特定的變數最大化，不管它是什麼：較高所得、較清潔的空氣或消費更多甜甜圈。這具有強大的力量。它意謂「較好的」衡量法有力量製造「較好的」社會。如果你想看起來很斯堪地那維亞——而幸福衡量法顯示其他楷模不夠理想——那麼設計一套呈現你有多斯堪地那維亞的指數，可能是最好的起點。

當然，不是每個國家都想看起來像挪威或瑞典。如果巴貝多衡量花在滑雪坡上的時間，它可能不及格。但理論上每個國家都希望成為更好的自己。我們也不要忘記，GDP也有一套隱而未宣的價值系統。它衡量一個經濟體把活動最大化的能力，而不計付出環境破壞或社會混亂的代價。我們可以稱GDP是一套你的經濟有多中國的衡量法。

最後，你可以把GPI視為企圖打造一個生態經濟學家赫爾曼．戴利想像的國家；戴利倡議一個他稱為「穩定狀態」的經濟體，這個經濟體不強調、甚至排除被普遍採用的成長衡量。馬奎爾偏愛把GPI視為去除「利弊交換」的工具。「當你為一家小超級市場摧毀一片濕地，你付出了一些代價。」他說：「我不依賴GPI本身，但它是一種表達我們重視某些東西的方法，我們願意做什麼事來保護它？而如果那意謂讓GDP只成長一．五%以保護我們所重視的東西，你願意接受嗎？」他說，世界上「沒有一個系統能無限地以三％的速度成長」。

ＧＰＩ減去負面的外部性：空氣汙染、水汙染和失去的森林、耕地和濕地。它加進正面的外部性如投資的隱藏利益，舉例來說，興建一座公共游泳池為一個社區帶來較佳的精神和身體健康。歐麥利州長曾推動一項讓公共運輸系統的乘客人數增加一倍的政策。「我把數字丟進ＧＰＩ的絞肉機，」馬奎爾回憶說：「我可以用具體數字做政策分析並顯示，是的，整體納稅人確實能從中受益。那可能是增加公共巴士支出這類的事，但當你從通勤成本、休閒時間、汽車汙染和使用非可再生資源……來計算其利益時，要推廣它就容易多了。」

馬奎爾說，ＧＰＩ除了是一項有用的決策工具外，它也證明在反映真實經濟情況上比ＧＤＰ敏銳。他舉二〇〇九年的數字為例，那一年正值金融危機的破壞效應傳遍美國經濟。但那一年馬里蘭州的州內生產毛額（州級的ＧＤＰ）實際上增加了三．八％。馬奎爾在寫給部門上司的備忘錄中說，在州民實際上感受經濟困頓的情況下，生產毛額增加「幾乎是不可能」的事。對照之下，那一年的ＧＰＩ下降了六．三％。這表示它與ＧＤＰ呈現十個百分點的巨大差距。他說，ＧＰＩ能反映「較正確」的真實情況，原因之一是它記錄了該州大幅削減支出，使淨資本投資從二〇〇八年的九十億美元，劇減到二〇〇九年的負十億美元。ＧＰＩ對失業和就業不足也較為敏銳，包括它反映了做兼職工作同時在尋找全職工作的人，以及因為就業展望如此黯淡以致完全放棄找工作的人。

像GPI這種指數的潛在問題，不只是決定權值和價值判斷而已。由於它以美元計價，所以也碰上我們在討論自然資本的章節發現的同樣困難。「我厭惡在空氣汙染上貼金額標籤，以便我們能看到夕陽或看到青山。」馬奎爾說：「那真的貶抑人的靈性。」當他第一次為馬里蘭州的濕地、森林和綠色空間估值時，他說：「我心想，這一點也不酷。」但他告訴自己，在現實的決策世界中，「數字很重要，錢更重要。人們會說『你如何為無價的東西訂價？』但如果你不這麼做，你得到的就是我們現在的結果：為經濟獲利而犧牲我們的健康和環境。」

馬奎爾比喻GPI是一種預算的現實查核，其中的預算是乾淨的空氣、乾淨的水、休閒時間，以及金錢。「我是個公務員，我不能每年買一輛法拉利。我沒賺那麼多錢。」他舉例來說明預算限制。「如果我們想要有經濟成長，那很棒。但要確定我們負擔得起。」

如果一種指數的缺點是你可以用在任何你喜歡的東西，那也是一種優點。加拿大藉由問加拿大人想要衡量什麼，而把這個概念發揮到極致。加拿大幸福指數的起源是二

○○○年代初在全國各地做的焦點團體訪談。該指數的主持人安大略滑鐵盧大學教授史梅爾（Bryan Smale）說：「這些焦點團體訪談環繞一個相當簡單的問題：『你覺得什麼很重要？什麼讓你感覺生活很好？』」❸這個指數不是想讓加拿大變得更斯堪地那維亞，而是要釐清加拿大人的價值，和改善加拿大已經擁有的東西：簡單地說，讓加拿大更加拿大。

這些焦點團體以各世代和各種政治傾向的人為樣本，在訪談中，加拿大人很一致地表達他們重視的事物：初級和中等教育、便利的醫療、健康的環境、乾淨的空氣和水、社會計畫、負責任的稅制（不管指的是什麼）、公共安全和保護、工作安全、就業機會、生活工資（living wage）、工作與生活平衡，以及公民參與。這些事物形成了指數衡量的八個「領域」，包括：社群活力、民主參與、教育、環境、健康人口、休閒與文化、生活水準，以及時間使用。

指數的編製者進而為各個領域蒐集可靠的資料組——史梅爾稱它們為「礦坑中的金絲雀」。總共有六十四個指標被用來衡量進步，並且在特定領域的生活品質下滑時發出警告。「真正的問題是：我們能否找到確實可靠的資料，長期持續蒐集，讓我們得以追蹤是否有進步？」他說：「例如，我們監看健康人口領域裡的糖尿病病例。主要原因是我們要看糖尿病病例有多普遍和多嚴重，那是其他類型健康狀況如心臟病、肥胖等病症的指標。」

決定六十四個指標的權值是「讓我們傷透腦筋的一件事」，史梅爾承認。你如何權衡公共債務水準和像兒童看電視的時數之類的指標？[4]顯然這是辦不到的事，所以你能做的是挑選出「可採取行動」的指標。他指的是「那些衡量『人們可以明確認知的事，並且說，例如溫室氣體排放的情況就是如此，或人們與朋友相處就是花了這麼多時間。』」

他說，除了提供可靠的資料，這個指數也是「絕佳的對話起點」。人們會停下來問：「我們有多幸福？我們沒有做哪些應該做的事？這個指數比起經濟的進步是如何？」他說，民眾不斷聽到經濟正在從衰退逐漸恢復，但幸福指數卻沒有回升。這促使他們問：「這到底怎麼回事？」

二〇一六年的加拿大幸福指數發現，原本與ＧＤＰ的懸殊差距，在二〇〇八年金融危機後進一步擴大。「在二〇〇七年，ＧＤＰ與加拿大幸福指數的差距為二二％。到二〇一〇年，差距擴大為二四．五％，到二〇一四年更躍增到二八．一％。」為什麼？原因之一是，和馬里蘭州類似，從二〇〇八年的衰退復甦帶來了成長，但沒帶來好工作。因此工作安全的衡量下降，不平等則上升。「休閒與文化」的品質也大幅下降，因為加拿大人更辛勤工作以維持生計，休閒時間減少，較少參與志工活動和藝術以及休假。在好的一面，教育品質保持與經濟活動相同步調，社群仍然活躍。這些細節在官方的成長數字都被單純的經濟復甦所掩蓋。[5]

史梅爾說，這些做法已提高民眾對公共政策的意識。GDP是告訴你去年經濟表現的「後視鏡」，而幸福指數則是加拿大希望變成何種社會的衡量指標。「它關注在人們認為重要的事物。如果我們想對置身於一個社會、一個國家感到鼓舞，它問我們希望把重點放在何處，並在各個不同的領域增進幸福？」

儘管這個指數受到大眾喜愛，史梅爾並不認為它對國家政策發揮明顯的影響。「我想，幾年前我會天真地認為，當我們公布這個指數後，一定會對國家的改變有一些影響力。現在我意識到，這是長期的目標。」他說：「有人說我們嘗試取代GDP。我們不是，我們只是嘗試擴大對話。」

第十四章

成長的結論

經濟不是真實的，它只是想像我們世界的一個方法。GDP也不是真實的，它只是衡量我們人類重視一些東西的聰明方法。成長曾經是一個偉大的發明，現在該是忘記它、繼續進步的時候了。

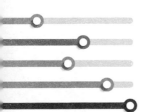

THE GROWTH DELUSION

WHY ECONOMISTS ARE
GETTING IT WRONG AND WHAT WE CAN DO ABOUT IT

GDP的神奇之處是，它設法把所有人類活動壓縮成一個單一的數字。你可以想像它就像把一隻大青蛙擠進一個小火柴盒。儘管如此，從好的方面看，GDP是很聰明且有用的發明。它提供一個現實縮影的版本，一個讓政策制訂者可以採取行動的數字。但如果GDP的美妙之處是加總，那也是它最大的缺點。一個數字無法反映生活中一切有價值的事物──即使你是一個經濟學家。

把它想成像汽車儀表板。燃料表告訴你油箱還剩多少汽油，速度表顯示你開車速度有多快。也許還有一面儀表告訴你正在播放什麼音樂。這三項都給你有用的資訊。不過，你不能把它們結合成單一的數字，而且能告訴你任何有意義的事。它們是不同層面的事物。❶

要製作單一的數字，必須以相同的單位衡量所有東西，在經濟學上這表示把所有東西轉換成貨幣。當碰到難以訂價的東西時──例如志願工作、預期壽命、乾淨空氣或社群感──你必須想出方法來貼上價格標籤，否則只能略過它。萬物都可訂價的概念源自邊沁的學說，你應該還記得，他的頭價值十英鎊。邊際效用的理論是現代經濟學的基石，它說一種產品或服務的價格，反映在額外消費該產品或服務一個單位所得的額外滿足。這種化約論讓經濟學家得以把一切事物轉換成複雜到令你兩眼昏花的數學模型。

但價格無法代表一切。這表示我們身為人關心的許多東西會被排除在經濟統計外，或被以某種變把戲的方式轉換成可被計算的金額。那些無法訂價的其他層面該如何處理？解決方法之一是不加總這些東西，而是反其道而行——反加總（disaggregating）。[2]這似乎是一種退步，像是回到發明輪子之前。如果GDP是一種聰明的發明——它確實是——為什麼我們要拆解它？如果你不喜歡拆解輪子，想想這個比喻：何不把那隻青蛙從火柴盒釋放出來？

以GDP衡量的成長，問題出在它已變得讓衡量法超過負荷。我們用那個數字來定義成功。當然經濟學家和政策制訂者會看數十種資料——失業率、通貨膨脹、淨出口、零售銷售、房價和薪資——以製作他們的模型和預測；前聯準會主席葛林斯班（Alan Greenspan）常以男性的內褲銷售作為經濟活動的代表。但在公眾的談話中，GDP是王。記住，經濟成長與GDP是同義詞。為了測試GDP至高無上的地位，你只要想像一位政治人物說如下的話：「我提議讓經濟萎縮以交換X。」任何想當民選官員的人都不會說這種話，不管X是什麼：防火的國宅、更公平的社會、每週工作兩天、免費披薩。不把成長最大化的想法，在現代政治討論中幾乎已變成不可思議。這是因為成長已——在我們不知不覺中——變成我們唯一關心的事。

本書並不主張——不像一些人——放棄GDP。不管有哪些缺點，它仍然是一種有力的衡量法，也是有用的政策工具。正如許多人正確地指出，經濟成長往往與我們關心的事物有相關性——教育、健康、選擇如何生活的自由——因為較高的所得和較高的稅基可以提供支付這些事物的資源。較富裕的國家通常比貧窮國家提供較好的服務給人民，因為它們有較好的組織和健全的民主制度，以追求法治下的公平與平等。[3]

但本書確實強烈主張兩點，第一點是任何讀者都可輕易做到的，那就是懷疑精神。任何讀本書的人——如果你已讀到這裡，謝謝你——應該已更了解我們的成長統計數字反映了什麼，以及未反映什麼。理論上統計裡不應該有的是：汙染、犯罪、長程通勤、飛彈、長時間工作。理論上應有而沒有的是：好工作、綠色空間、良好的醫療、永續性的衡量。所以下一次你聽到經濟成長多少時，你可以在心裡竊笑，並想到這則資訊只能表達有限的內容，以及我們描述的經濟極其抽象。

我認為懷疑精神本身很有價值。畢竟，身為新聞記者，我的工作實際上全靠它。但懷疑精神只能帶領你到這裡。光是說「我不相信這個數字」，是以虛無主義者的方式看待世界。這帶領我來到本書的第二個主張，以及在任何成長和GDP的討論總是會碰到的問題：「你要用什麼來取代它？」沒有一個替代選項夠健全或夠廣泛，足以完全取代GDP，所以答案是：與其取代GDP，我們應該補充它，以便我們描繪一個更精細的世界觀。

我從一個電視世代的一分子思考這個問題：如果我轉到晚間新聞節目，新聞播報員正以嚴肅的聲音播報五或六個數字，我們會選擇看哪些數字？或者，如果你從手機得到經濟新聞的警訊，哪些數字是你不能不知道的？重點是這些數字的衡量應該告訴我們重要的東西。公眾應該花時間和精神關注它們，一如我們關注以GDP衡量的成長。哪些數字達到這些條件？

以下是幾個建議的數字。

一、人均GDP

這個數字是如此理所當然，現在才提到它讓人幾乎感到尷尬。一個簡單得出奇的調整GDP做法，是把它除以全國的人數，以使它變成一個人均數字。但很少人這麼做——至少一般的公開揭露中很少如此。成長經常是以絕對數字表達，而未考慮人口的增加。

如果你的成長率是二%，但你的人口也成長二%，那麼從人均觀點看，你實際上沒有成長。投資人往往對某些開發中國家的成長率很興奮，卻忘了大多數成長是高出生率的結果。擴增一個經濟體的規模，最簡單的方法就是增加人口。如果川普想要三%的成長率，那很容易達成：他只要敲掉那道還沒蓋的牆，每年邀請一千萬名新移民到美國即

表九

國際貨幣基金公布的2015年人均（購買力平價）GDP排名前十大國家

國家	人均（PPP）GDP（美元）
卡達	132,870
盧森堡	99,506
新加坡	85,382
汶萊	79,508
科威特	70,542
挪威	68,591
阿聯	67,217
愛爾蘭	65,806
聖馬利諾	62,938
瑞士	58,647

排名最後十國

國家	人均（PPP）GDP（美元）
厄利垂亞	1,300
幾內亞	1,238
莫三比克	1,192
馬拉威	1,126
尼日	1,077
賴比瑞亞	875
蒲隆地	831
剛果民主共和國	767
中非共和國	628

可。不過，他真正想要的是三%的人均成長率，而這代表完全不同的事——而且要達成困難多了。

經濟學家難以想像，如果一個國家無法永遠增加勞動人口，怎麼可能進步。這是許多人談論日本的原因，說日本人口小幅萎縮和呈正值的人均成長率，是一個「人口死亡螺旋」。[4]經濟學家如此固執於經濟必須一直擴張的概念，所以他們難以打破「只要增加人口」的邏輯。馬爾薩斯認為人口愈來愈多將終結人類文明，而現代經濟學家的想法正好相反。

然而除非我們想像世界人口能無限制增加，我們真的就必須開始想像一個經濟終究會停止擴張的世界——至少在成熟的富裕經濟體。[5]這不表示人均所得一定也會停止增加。而這一點是最終最重要的事。以人均基礎報告成長數字是一個小而重要的步驟，可以把人——而非某種抽象的經濟概念——置於制訂政策的核心。

二、中位數所得

這比人均GDP更進一步。中位數所得有一個大優點和一個小優點。大優點是，它是中位數而非平均數，而人們往往誤解平均數的意義。在一個有四人總收入是一百的社會，如果一人賺得所有的收入，而其餘的人沒有任何收入，那麼平均所得就是二十五。

《金融時報》首席統計師凱斯・佛瑞（Keith Fray）在對他的部屬報告時開玩笑說：「比爾・蓋茲走進一家酒吧。平均來看，酒吧裡的每個人都變成億萬富豪。」我聽到後大笑不止，但只有我笑出來。這個「幽默」（老天，那些統計師！）來自平均數是以總數除以人數，在這個笑話裡是指酒吧裡的人。它可能扭曲我們視為正常的情況，原因是它沒有告訴你所得是如何分配的。隨著我們的社會愈來愈不平等，這也變成愈來愈大的問題。[6]

與平均數對照，中位數把每個人排成一列——我知道這聽起來不妙——然後選出中間那個人。中位數給你一個約略而現成的概念，以了解一般人如何生活。你可以稱它是一個危疑不定的中產階級的數字。在這個中產階級感覺被遺忘和誤解的時代，中位數的概念是一個大優點。

中位數所得的小優點是，它是統計所得，而非生產。對大多數人來說，所得是一個較直覺的概念：我需要賺多少來維生，而不是今年要生產多少輛堆高機？在國民所得理論中，生產和所得應該相等，因為我們購買生產的東西，而且只生產人們花錢購買的東西，但感覺上兩者未必相同。

掌管美國GDP二十年的藍德菲爾德（Steve Landefeld）也是一個中位數迷，但他說，中位數訴說的故事可能讓一些政治人物不舒服。「由於這類數字的政治敏感性，統計機構對使用中位數會有一點緊張。」他告訴我：「但我認為在美國和其他國家正逐漸出現一個共識，認為那是我們該做的事。」

三、不平等

然而中位數的觀念也有其極限。除了呈現典型的個人或家庭生活的情況外，關注經濟上的落後者也有其必要。有幾種做法。畢竟，聰明的學界偵探費了很大功夫，才發現較低教育的美國中年男性白人壽命正在縮短的事實。不平等的粗略衡量方法之一是吉尼係數（Gini Coefficient），通常以零到一百的量表來表達。[7]一九一二年由義大利統計學家吉尼（Corrado Gini）發明的吉尼係數在量表一端的零時，代表社會完全公平，每個人賺的錢一樣多；在另一端的一百時，代表一個經濟體裡一個人賺了所有錢。相對平等的社會如斯堪地那維亞國家，吉尼係數都在三十以下，而最不平等的國家南非，吉尼係數則為六十三。[8]美國的吉尼係數為四十一，英國是三十三，德國為三十。[9]我們也可用相同方法計算財富或資產——通常會揭露更高的不平等。

另一個方法是根據人口的百分位數來分列所得（見表十）。這種做法可以呈現所得如何分配，和以中位數比較富人和窮人的情況。這個表呈現從一九八〇年以來美國社會上層、中間和下層的薪資情況。它也凸顯一般人的薪資與平均薪資的差距。

表十

（單位：美元）

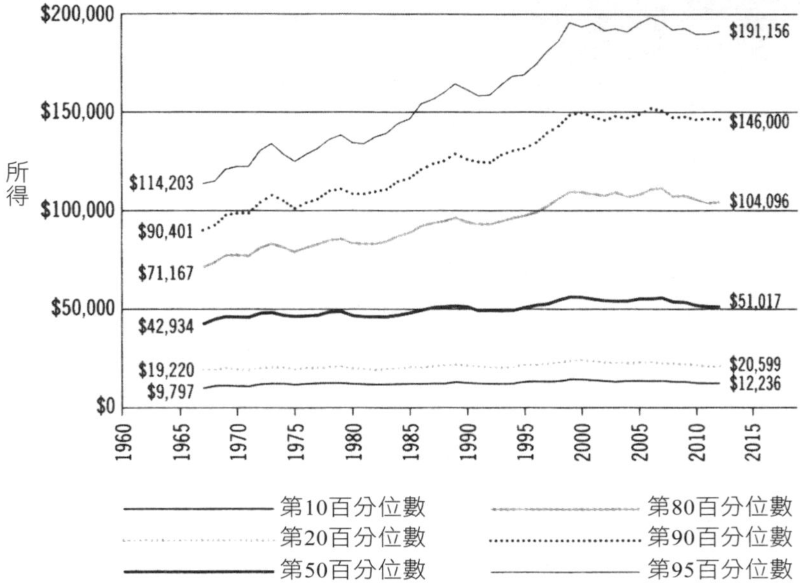

特定百分位數的實質家庭所得，1967至2012年（以2012年美元計值）。

還有一個以單一數字總結不平等的方法是比較人口中兩個不同的部分，例如頂層一〇%和底層一〇%的所得。表十一是幾個富裕國家根據這個方法呈現的比率，排在上端的是最平等的國家。

四、國內生產淨值（NDP）

GDP衡量收入流，但我們也需要知道國民財富的存量，否則我們可能搞不清楚銀行家比爾和園丁班恩誰比較富有。美國經濟分析局編製國內生產淨值數字已經許多年，雖然這個數字獲得的注意比起GDP實在不

表十一

冰島	5.0
德國	6.7
法國	6.9
加拿大	9.3
日本	10.4
英國	10.6
土耳其	13.1
美國	18.3
智利	20.6
墨西哥	21.4
	OECD國家[10]

成比例。NDP的計算方法是把GDP減去資本財的折舊，例如道路、機場和住宅。如果一個國家加進它的資本存量，NDP將增加。如果不加進資本存量，NDP將減少。NDP和GDP的差距讓你粗略了解一個國家是否耗用資本企圖達成一種難以永續的提振現有生產。

在經濟分析局擔任副局長多年的穆爾頓（Brent Moulton）認為，更強調NDP有其必要。「國家面對的根本問題之一是：它的財富是在成長或萎縮？」我們在華盛頓的G街美食店見面時，他告訴我；那是一家在G街上讓我遍尋不著的三明治店（方向和衡量法一樣會誤導人）。[11]他說，計算財富在仰賴自然資源的國家特別重要。

但即使是像美國這樣的國家如果要想富裕繁榮，也需要蓄積它的財富存量，不管是基礎設施、大學，或自然資源。國家是否增添自己的財富，應該是國民帳的關鍵問題。[12]只有擁有強健的國內生產淨值，國家才能長期提升其生活水準。

五、幸福

嚴肅的GDP擁護者都不會宣稱GDP衡量的是幸福，但很少人會公開否認GDP已逐漸朝幸福的方向演變。幸福的成分是強烈主觀的判斷，因此不可能客觀地衡量。但這種嘗試是值得的，因為嘗試定義和衡量幸福的過程有助於社會辨識其優先順序。嘗試衡量不可衡量的東西——不管是快樂或一些更廣泛的社會福祉標準——能專注我們的思想。

如果馬里蘭州的真實進步指標（GPI）獲得宣傳和政治支持的滋養，它將變成熱鬧的公共辯論主題。想像如果州長說因為GPI下降，所以他準備大幅度改變政策，有些人將稱讚這項指標的價值，在它上升時歡呼，下跌時憂慮。其他人會反駁GPI衡量的東西錯誤，應該丟棄，改成更好的指標。不管正或反，尋求反映幸福可以激發對我們社會努力目標的辯論，並提供衡量達成那些目標的標準。

六、二氧化碳排放

我把最有爭議性的留在最後。二氧化碳水準是監視自然資本最簡單的方法，因為衡量碳不必嘗試為一片森林或一條分水嶺訂價，難度將降低許多。二氧化碳代表汙染。「如果我們正在油炸地球，」史迪格里茲（Joseph Stiglitz）說：「我們會想知道我們是在油炸地球。」[13]

這句話凸顯出我們嘗試在本書各章節表達的一些概念。統計數字並非中性的，它們也不是沉悶無趣，而是帶有高度政治性。如果我們花時間精力衡量某個東西，那是因為我們認為它重要，而且想影響它。對認為高水準的二氧化碳是壞事的人來說，目標是控制或降低它。但對不接受人類活動與氣候變遷有關聯的人來說，嘗試限制二氧化碳排放是浪費時間和金錢。此外，它會破壞真正重要的目標：成長。這基本上是川普退出巴黎氣候協議的論點。

大多數科學家不同意這種說法，而認為人類活動已對全球氣溫造成可辨識的影響。這也是我的立場。我對氣候變遷科學沒有特別的知識，正如我對航太工程不是很了解。但當我搭乘飛機時，我信任工程師已掌握讓飛機飛在空中的技術達到臻於藝術的程度。

這也是我對龐大數量的科學家警告氣候變遷的危險得到的結論。我不知道，但我信任他們。而如果他們是正確的，那麼追蹤二氧化碳水準並採取對策，似乎是極其明智的做法。[14]還有什麼更糟的事可能發生？更適合呼吸的空氣？

這些是我的建議，但它們可能不是你的。你可能想衡量幸福或所得的地區分配，或強調更廣泛的失業衡量法。[15]你可能喜歡葛林斯班的內褲。

不管你偏好什麼，永遠必須在太多資訊和太少資訊之間取捨。只要你拆解數字或發現要衡量的新事物，就必須權衡它們的重要性。許多我們可能尋求的目標——乾淨的環境、健康的生活、安全的街道、較高的收入、工作安全——是在不同的層面上。每當你形成一個加總的數字，就會損失資訊。另一方面，如果你不加總，就無法處理所有你擁有的資訊。[16]

這個問題的解決方法之一是儀表板。使用汽車儀表板的比喻，或者更精細的飛機駕駛艙的儀表板，目的在於同時監看許多項目。也許終極的儀表板概念是ＯＥＣＤ經過十年努力在二〇一一年推出的美好生活指數（ＢＬＩ）。[17]這項指數比較三十八個國家的十一類不同「主題」，從住宅、環境、安全到所得等。該指數的優點是你可以個人化，給各類別你決定的權值。它就像錄音室的幸福混音面板。例如你最重視工作與生活的平衡，只要把這個項目調到最高，就能看到哪些國家表現最好。（答案：荷蘭。）[18]這個指數比較不是制訂政策的工具，而是顯示不同渴望結果的取捨。

本書另一個強力建議的重點，是改善我們衡量公共服務的方法。我們傾向於低估國家對教育、醫療和道路的提供，主要因為它們是免費提供的。負責為從火車誤點到學校考試成績等制訂標準的英國功效處雖然不完美，卻是有價值的邁向正確方向的一步，我們在這個基礎上力求改進。如果我們不好好衡量公共部門的貢獻，很可能我們會把它私有化，以至於被人們遺忘，雖然這正是許多國家——在看不見的成長誘因驅使下——追求的目標。

在較貧窮的國家，提高生活水準到可接受的程度，可能需要許多年的快速成長，但成長是達成理想目標的手段，而非目的本身。在較富裕的國家，成長的整個概念——至少以主流方法衡量的成長——可能需要徹底改變。在服務業為主的經濟體，順應個人需求的產品與服務，將是決定我們社會進步的主要因素。這可能包括從特定基因組需要的藥物、個人化的照顧，到訂製西裝等。而這與製造愈來愈多東西以追逐成長不同；它意謂GDP所難以衡量的提高品質這類東西。約五十年前，一位美國經濟學家曾比較他所稱的只顧生產、剝削資源和汙染的「牛仔」經濟，和以品質和精密度取代流量作為成功標準的「太空人」經濟。從製造轉向服務和從類比轉向數位，就是從牛仔轉向太空人。但我們現在仍然以套索的數量作為衡量標準。[19]

品質也能解決我們執迷於擁有愈來愈多物質，而不計個人生活或環境付出何種代價的根本問題。在歐洲之星列車上供應柏翠葡萄酒的故事，暗示富裕社會未來可能藉由提高經驗的品質來「成長」。品質——不管是精緻烹調的地方食物、個人化醫療、更多文化和戶外活動、客製化的產品或更好的設計——比數量更低碳。標準的成長衡量只會帶領我們盲目地走在標示「更多」的路徑。

一些我們可能希望強調的衡量項目——不管是國內生產淨值或廣義的失業——已經存在。其他衡量項目如自然資本、品質或幸福，也正在編製中。如果我們想發明必殺的衡量法來對抗聰明的GDP，就必須投入更多金錢和更聰明的人在這個工作上。會計師只是信差。（當然，如果這個會計師為PwC工作，並交給華倫·比提〔Warren Beatty〕錯誤的信封，傳達錯誤的訊息可能帶來尷尬的後果。[20]）他們需要支持才能帶給我們有用的訊息。本書作者不揣淺陋地為了爭取專業者支持本書的目標而提出呼籲：請給他們更多錢和權力。

英國每年提供約一億二千七百萬英鎊經費，給設在日內瓦的歐洲核子研究組織（CERN）粒子加速器。倫敦經濟學院的奧爾登（Nick Oulton）提到基本粒子時說：

「這筆經費讓我們參與衡量微小的希格斯玻色子（Higgs boson）質量到我不知道小數點以下幾位數。這都是很令人興奮的東西，但國家統計局的預算——當然不只是GDP，還有出生、結婚和死亡登記，追蹤移民、就業、失業，所有GDP的組成和GDP本身——今年只有一億七千三百萬英鎊。自然科學已讓所有人深信，如果你想要答案，就必須花很多錢。」[21]解答本書所提的許多難題一樣適用這個道理。如果GDP是經濟學的曼哈頓計畫，那麼現在正是經濟學要登陸月球和進行火星任務的時候了。

除了錢以外，國家會計師需要政治支持。統計數字具有爭議性，它們不見得帶來好聽的消息。美國在柯林頓政府期間嘗試定期公布「綠色帳」，卻因為國會屈服於包括煤礦業等大企業的壓力而遭封殺。[22]柯林頓說：「我們無須在呼吸乾淨空氣和安全地收到薪資支票間做選擇。事實情況是，我們的環境問題不是來自穩健的成長，而是來自不計後果的成長。」國會卻不這麼想。經濟分析局面臨若是繼續公布綠色帳，將遭到預算被削減二〇%的威脅，使這項計畫無疾而終。「統計人員真的承擔不起這樣的責任。」經濟分析局的一名統計師，對二十年前的遭遇仍然記憶猶新，他說：「這必須是社會做的決定，統計機構可以做所有的研究和準備，並提出建議，但如果民主政治說不，那就是不。」[23]

經濟學家告訴我們的，和我們自身經驗之間的落差——沙克吉（法國前總統）說很危險的東西——可以從兩方面看，而這兩方面也彼此有點矛盾。一方面GDP可能真的低估我們的生活有多好。因為GDP不善於衡量創新，單調的所得和生產數字無法反映健康、技術、舒適和知識普及的大幅進步。GDP可能低估我們已達到的地步，因而讓我們感覺比實際情況還悲慘。另一方面，GDP高估我們生活的某些面向。雖然經濟應該是在不斷向前邁進，許多人卻感覺落後、被邊緣化、被拋棄和被困在永不停止的花錢在假想中定義我們生活的產品與服務。在這些情況中，單純擴增經濟大餅的規模，然後希望我們各分食一塊增大的餅，並非一個令人滿意或可以永續的政策。

如果我們需要更好的數字，有一個相反但同樣重要的真理。我們不能光靠數字來治理。丈量者藉由尺規來丈量：他們制訂尺規。但不是一切事物都能訂價和量化。不是一切事物標上價格標籤就看起來更好。這是晚近政治抗爭浪潮中，選民拒絕一成不變的政治操作的教訓之一。

GDP的發明促成一個技術官僚和經濟學家階層的興起，他們為了搞好經濟而執行政策，但對社會大眾不見得好。[24]他們繼承了牛頓式的經濟觀，把它視為理性和可預測的系統，「一個單一的實體，在比喻性的管路、齒輪和槓桿連接的各個運動部件間有明確定義的機械關係」。[25]它經常被想成超越人類經驗之外。正如一位非正統的思想家寫道：「數學為經濟學帶來嚴謹，遺憾的是，它也帶來死亡。」[26]

在GDP發明前，經濟這個詞從未出現在政治談論中，這在今日幾乎是不可想像的事。過去沒有人把它當成一個分開的實體，一直到一九五〇年以前，經濟這個詞從未以現代的意涵出現在英國的政治宣言中。GDP發明後改變了一切。GDP像是一道後門，讓經濟學家偷偷登上公共舞台——並進入政府和官僚機構的廳堂。

經濟學家可以為制訂政策帶來有價值的紀律，但他們的觀點不是唯一的。有各種互相競爭的治理方法。像尊貴的大英圖書館以它「每獲得一英鎊公共撥款，就能創造四・四〇英鎊的經濟產值」來合理化其活動，[27]應該是多此一舉。一個著名的兒童慈善基金也不應該需要以「提高識字率，在二〇二〇年以前可提高GDP一・五%」為理由，鼓勵父親讀故事書給孩子聽。有些事物——安全的街區、好工作、乾淨空氣、開放空間、社群感、安全感和幸福——本身就是好的。對書籍和閱讀的熱愛也是。有時候更多所得可以幫助我們達成想要的目標，有時候則無法做到。但更多所得——更多GDP——本身不應該是目標。它頂多應該只是我們達成目的的手段。正如顧志耐本人問道：「我們要讓什麼成長？為什麼？」

備受崇拜的經濟學家，仰賴的概念是「我們不能違反經濟法則，一如不能違反物理法則：不管我們多希望怎麼做，我們無法對抗『經濟』的邏輯。」[28]然而，有時候我們能。而且有時候我們必須。經濟不是真實的，它只是想像我們世界的一個方法。ＧＤＰ也不是真實的，它只是衡量我們人類重視一些東西的聰明方法。成長曾經是一個偉大的發明，現在該是忘記它、繼續進步的時候了。

㉕ 出處同上。

㉖ Kenneth Boulding, quoted in 'An A-Z of Business Quotations', *The Economist*, 20 July 2012。

㉗ Joe Earle et al., *The Econocracy*。

㉘ 2016年7月作者訪問Joe Earle。

判斷其成長是否能夠永續。

⓭ 2017年4月接受作者電話訪問。

⓮ 正如史迪格里茲指出，二氧化碳可能不是所有情況的最佳衡量。例如，在中國你可能認為與長期空氣汙染有關的健康問題更急迫，在這種情況下北京可能更適合衡量懸浮微粒排放。

⓯ 最廣泛的失業指標即所謂的U6，涵蓋「受挫的勞工」，他們想工作卻已停止尋找，因為就業展望如此黯淡；該指數也包括希望全職工作的兼職勞工。參考Bureau of Labor Statistics, Table A-15: https://www.bls.gov/news.release/empsit.t15.htm。

⓰ 一部分出自2017年4月與史迪格里茲的談話。

⓱ 參考OECD Better Life Index: http://www.oecdbetterlifeindex.org/#/11111111111。

⓲ 史迪格里茲表示，美國時薪已停滯超過六十年。想維持生活水準的人必須不斷延長家庭工時。在歐洲的同一期間，家庭平均工時呈現下降。如果他的數字正確，歐洲人已把一些所得轉換成休閒，而美國人則把賺錢列為優先，即使他們沒有時間享受賺來的錢。

⓳ Kenneth Boulding, quoted in Lorenzo Fioramonti, *Gross Domestic Problem*, pages 145-6。

⓴ 費．唐娜薇（Faye Dunaway）宣布《樂來越愛你》（*La La Land*）為最佳影片，但實際上贏得最佳影片的是《月光下的藍色男孩》（*Moonlight*）。'Moonlight, La La Land and What An Epic Oscars Fail Really Says', *New York Times*, 27 February 2017。

㉑ 2017年2月接受作者電話訪問。順便一提，奧爾登寫了一篇為GDP辯護的極其辛辣的文章：'Hooray For GDP! GDP as a Measure of Wellbeing': http://voxeu.org/article/defence-gdp-measure-wellbeing。

㉒ 根據經濟統計局官員的說法。

㉓ 這名官員以匿名方式表達，是擔心即使經過這麼久仍可能受到懲罰。

㉔ Joe Earle, Cahal Moran and Zach Ward-Perkins, *The Econocracy: The Perils of Leaving Economics to the Experts*, Manchester University Press, 2016。

第十四章：成長的結論

❶ 2017年4月作者電話訪問史迪格里茲。

❷ 部分出自2017年3月於紐約與賈迪什·巴赫瓦蒂的談話。

❸ 在接受作者訪問時，桑默斯說GDP傾向也追蹤其他我們可能感興趣的事物，包括環境保護和健康，因此降低了制訂不同衡量法的必要性。換句話說，根據他的看法，GDP不是福祉的不良代表。「當一些別的福祉衡量快速成長時，往往也是GDP快速成長的時期，反之亦然。如果觀察世界各國，我想其他福祉衡量的成長與GDP成長的相關性會很高，而非很低。因此這讓我對這類替代計算的效用有點不以為然。」

❹ Jonathan Soble, 'Japan, Short on Babies, Reaches a Worrisome Milestone', *New York Times*, 2 June 2017: https://www.nytimes.com/2017/06/02/business/japan-population-births.html?_r=0。

❺ 羅斯林預測世界人口到2100年將攀升到約110億人的高峰，他估計屆時美洲將有10億人，歐洲10億人，非洲40億人，亞洲50億人。Lecture at Davos, Switzerland, January 2014。

❻ 但並非所有經濟學家預測大多數富裕國家將呈現明確的不平等升高趨勢。

❼ 有時候它以從零到一的量表呈現。

❽ https://www.indexmundi.com/facts/indicators/SI.POV.GINI/rankings。

❾ 這項係數可能在政府的重分配，包括課稅和福利，之前或之後計算。

❿ Table 1: Key indicators on the distribution of household disposable income and poverty, 2007, 2012, 2014 or most recent year: http://www.oecd.org/social/OECD2016-Income-Inequality-Update.pdf。

⓫ 2017年3月於華盛頓接受作者訪問。

⓬ 計算NDP需要有假設數字，其中最重要的是資產多少年後會折舊。例如，你可能認定一棟建築的價格經過二十年後會跌到零。所以儘管這棟建築二十年後仍然屹立，在國民帳中它的估值將是零。如果不同國家對各種資產採用不同的假設，跨國比較國內生產淨值將變得更困難。但它的確提供一個粗略的指引，可呈現一個國家在維持資產的表現，可據以

'Community Structure and Crime (1989)': https://dash.harvard.edu/bitstream/handle/1/3226955/Sampson_CommunityStructureCrime.pdf?sequence=2。

⓴ Paul Ormerod, 'Against Happiness', *Prospect Magazine*, 29 April 2007: https:// www.prospectmagazine.co.uk/magazine/againsthappiness。

㉑ Richard Layard, 'Paul Ormerod is Splitting Hairs', *Prospect Magazine*, June 2007。

㉒ 出自World Happiness Report (2012), page 111。

㉓ Gardiner Harris, 'Index of Happiness? Bhutan's New Leader Prefers More Concrete Goals', *New York Times*, 4 October 2013。

㉔ 出處同上。

㉕ 根據IMF 2016年的數字，它的GDP購買力平價（調整當地物價）只有略超過8227美元。

㉖ 所有數字來自聯合國教科文組織。

㉗ Bill Frelick, 'Bhutan's Ethnic Cleansing', *New Statesman*, 1 February 2008: https://www.hrw.org/news/2008/02/01/bhutans-ethnic-cleansing。

㉘ 參考http://www.bhutanstudies.org.bt/publicationFiles/2015GNH/Summaryof2015GNHIndex.pdf。

第十三章：GDP 2.0

❶ 托賓後來以他提議的對外匯交易課稅以降低風險，和他認為無益的投機而聞名。

❷ 'Against the Human Development Index': http://econlog.econlib.org/archives/2009/05/against_the_hum.html。

❸ 2017年2月接受作者訪問。

❹ 出自2017年2月與史蒂夫．藍德菲爾德的談話。

❺ 'Canadian Index of Wellbeing, Executive Summary', 2016: https://uwaterloo.ca/canadian-index-wellbeing/reports/2016-canadian-index-wellbeing-national-report/executive-summary。

❷ 'Jeremy Bentham Makes Surprise Visit to UCL Council', *UCL News*, 10 July 2013: http://www.ucl.ac.uk/news/news-articles/0713/10072013-Jeremy-Bentham-UCL-Council-visit。

❸ Jeremy Bentham, *An Introduction to the Principles of Morals and Legislation*, 1789。

❹ William Davies, *The Happiness Industry*, page 10。

❺ 出處同上，page 61。

❻ 出處同上，page 17。

❼ 此處根據哥倫比亞大學地球研究所主任Jeffrey Sachs於2016年12月在倫敦經濟學院發表的演說。

❽ George Ward, 'Is Happiness a Predictor of Election Results?', Centre for Economic Performance, April 2015: http://cep.lse.ac.uk/pubs/download/dp1343.pdf。

❾ World Happiness Report, 2012: https://search.yahoo.com/yhs/search?hspart=GenieoYaho&hsimp=yhs-INTtraffic&type=a1478616638660322&p=world+happiness+report+2012。

❿ http://worldhappiness.report/wp-content/uploads/sites/2/2016/03/HR-V1Ch2_web.pdf。

⓫ IMF2015年資料，人均GDP以購買力平價表示。

⓬ 同上。

⓭ 結果涵蓋四十六國的9萬人，Richard Layard, *Happiness*, Penguin Books, 2005, page 65。

⓮ 出處同上，page 64。

⓯ 出處同上，page 79。

⓰ BBC, 7 January 2017: http://www.bbc.co.uk/news/world-us-canada-38541220。

⓱ Richard Layard, *Happiness*, page 233。

⓲ 出處同上，page 154。

⓳ 萊亞德引述的研究為Robert Sampson and Byron Groves of Harvard University,

⓱ http://www.footprintnetwork.org/images/article_uploads/NFA_Method_Paper_2011.pdf。

⓲ 2017年3月接受作者訪問。

⓳ 這些想法一部分來自2016年9月與我在《金融時報》備受尊敬的同事Martin Wolf的討論。

⓴ Glenn-Marie Lange et al., 'The Changing Wealth of Nations', December 2011, page xii: http://www.worldbank.org/en/topic/environment/publication/changing-wealth-of-nations。

㉑ 計算GDP的先驅Angus Maddison從1978至1997年擔任格羅寧根大學教授，也是格羅寧根成長與發展中心創辦人。

㉒ 石油、天然氣、硬煤、軟煤、鋁土礦、銅、金、鐵砂、鉛、鎳、磷酸鹽、錫、銀和鋅。

㉓ 該銀行最新的方法學嘗試把狩獵、捕魚和森林地的休閒價值納入計算。

㉔ 這些數字來自Glenn-Marie Lange et al., 'The Changing Wealth of Nations', page 7，其中的最新全面財富資料是2005年。該銀行也定期公布相關財富估計數字，如調整後淨儲蓄。

㉕ Table 1.1, page 7 in. http://documents.worldbank.org/curated/en/630181468339656734/pdf/588470PUB0Weal101public10BOX353816B.pdf。

㉖ 維肯的說明出自'Discover How Norway Saved its Vanishing Forests', BBC, 4 November 2015: http://www.bbc.co.uk/earth/story/20151104-discover-how-norway-saved-its-vanishing-forests。

㉗ 'State of Forest Genetic Resource in Norway', page iii: http://www.skogoglandskap.no/filearchive/rapport_03_12_state_of_forest_genetic_resources_in_norway.pdf。

㉘ 它在2006年改的正式名稱實際上是Government Pension Fund Global，由於它不是一個真正的退休基金，而是一個主權財富基金，所以是個容易讓人混淆的名稱。

第十二章：幸福之神

❶ 以1975年英鎊計值。

❸ Robert Costanza et al., 'The Value of the World's Ecosystem Services and Natural Capital', *Nature*, May 1997: http://www.nature.com/nature/journal/v387/n6630/abs/387253a0.html。

❹ 一部分根據2016年9月與帕薩·達斯古普塔的討論。

❺ 參考ftp://131.252.97.79/Transfer/ES_Pubs/ESVal/es_val_critiques/responseToPearce_byCostanza.pdf。

❻ Dieter Helm, *Natural Capital*, page 8。

❼ 聯合國交給前挪威首相Gro Harlem Brundtland一個工作，相當於為世界各國政府設計一套不會摧毀地球的成長方法。在1987年，該委員會公布一份「我們共同的未來」報告。

❽ 同樣的法則也可應用於其他形式的資本，包括基礎設施，甚至體制。

❾ 參考Dieter Helm, *Natural Capital*, pages 99- 118。

❿ 在實務中，這類理論遭遇到「共有財悲劇」的問題，這表示每個人都竭盡所能地汲取資源，因為你不這麼做，別人也會這麼做。

⓫ 非洲綠色革命聯盟主席Agnes Kalibata說，氣候變遷是非洲貧窮農民面對的單一最大挑戰，這些農民幾乎完全仰賴雨水供養的農業，而降雨卻從未像此時那樣無法預測。Kalibata 2017年4月於奈洛比接受作者訪問。

⓬ William Davies, *The Happiness Industry*, Verso 2015, page 65。

⓭ Andrew Simms, 'It's the Economy That Needs to Be Integrated into the Environment - Not the Other Way Around', *Guardian*, 14 June 2016: https://www.theguardian.com/environment/2016/jun/14/putting-a-price-on-nature-is-wrong。

⓮ 這是同上出處中Andrew Simms聰明的想法。

⓯ George Monbiot, 'Can You Put a Price on the Beauty of the Natural World?', *Guardian*, 22 April 2014: https://www.theguardian.com/commentisfree/2014/apr/22/price-natural-world-agenda-ignores-destroys。

⓰ 參考the Global Footprint Network website: http://www.footprintnetwork.org。

rise-19-in-5-year-plan。
⑯ Yuan Yang, 'China's Air Pollution Lifts in Coastal Cities, But Drifts Inland', *Financial Times*, 20 April 2016。
⑰ Yuan Yang, 'China Carbon Dioxide Levels May Be Falling, Says LSE Study', *Financial Times*, 7 March 2016。
⑱ Gabriel Wildau, 'Small Chinese Cities Steer away from GDP as Measure of Success', *Financial Times*, 13 August 2014。
⑲ Arthur Beesley et al., 'China and EU Offer Sharp Contrast with US on Climate Change', *Financial Times*, 1 June 2017。

第十章：財富

❶ 這是《金融時報》的Martin Wolf 2016年9月在倫敦的個人談話中告訴我的。
❷ 企業甚至有第三套帳，稱作現金流量表，衡量公司實際的現金部位——可自由運用的流動性——因此它也與獲利和虧損帳不同。
❸ 許多先進經濟體會衡量所謂的生產性資本，即道路、建築和港口等實體資產的存量。
❹ Partha Dasgupta, 'Getting India Wrong', *Prospect Magazine*, August 2013。
❺ 這個例子來自2016年9月與帕薩・達斯古普塔談話。
❻ Partha Dasgupta, 'The Nature of Economic Development and the Economic Development of Nature', *Economic and Political Weekly*, Volume 48 Issue 51, 21 December 2013。
❼ 這段內容來自賈德・戴蒙的文章：'Easter's End' in *Discover Magazine*, August 1995: http://courses.biology.utah.edu/carrier/2010/Readings/end%20of%20diversity/Easter%20Island's%20End.pdf。
❽ 出處同上。

第十一章：現代末日審判

❶ http://www.gutenberg.org/cache/epub/657/pg657-images.html。
❷ Dieter Helm, *Natural Capital*, Yale University Press, 2015, page 96。

china.html。

❸ Javier Hernandez, 'Greed, Injustice and Decadence: What 5 Scenes From a Hit TV Show Say About China', *New York Times*, 27 May 2017。

❹ 參考Frank Dikötter, *Mao's Great Famine*, Bloomsbury Publishing, 2010。

❺ 接任中國總理的李克強在2007年警告，外界不應太認真看待中國的GDP數字。他建議看另外三個數字：電力生產、鐵路貨運和銀行貸款。參考David Pilling, 'Chinese Economic Facts and Fakes Can He Hard to Tell Apart', *Financial Times*, 16 September 2015。

❻ Paul A. Samuelson, *Economics*, McGraw-Hill Book Company, 1948, page 10。

❼ Lorenzo Fioramonti, *Gross Domestic Problem*, Zed Books, 2013, page 151。

❽ Leo Lewis, Tom Mitchell and Yuan Yang, 'Is China's Economy Turning Japanese?', *Financial Times*, 28 May 2017。

❾ Jonathan Watts, 'China's Green Economist Stirring a Shift Away from GDP', *Guardian*, 16 September 2011: https://www.theguardian.com/environment/2011/sep/16/china-green-economist-gdp。

❿ 出處同上。

⓫ Geoff Dyer, 'Chinese Algae Spreads to Tourist Resorts', *Financial Times*, 12 July 2008: http://www.ft.com/cms/s/0/5864530c-4fb5-11dd-b050-000077b07658.html?ft_site=falcon&desktop=true#axzz4osgEuI9a。

⓬ Jonathan Watts, *When a Billion Chinese Jump*, Simon & Schuster, 2010, Chapter 11。

⓭ 賈德．戴蒙宣稱1994年的盧安達種族屠殺具有馬爾薩斯的人口過多元素。

⓮ Pilita Clark, 'The Big Green Bang: How Renewable Energy Became Unstoppable', *Financial Times*, 18 May 2017。

⓯ Aibing Guo, 'China Says It's Going to Use More Coal, With Capacity Set to Grow 19%', Bloomberg, 7 November 2016: https://www.bloomberg.com/news/articles/2016-11-07/china-coal-power-generation-capacity-may-

⓭ Amartya Sen, 'Bangladesh Ahead of India in Social Indicators', *Daily Star*, 13 February 2015: http://www.thedailystar.net/top-news/bangladesh-ahead-india-social-indicators-amartya-3540。

⓮ David Pilling, 'India's Congress Party Has Done Itself Out of a Job', *Financial Times*, 7 May 2014: https://www.ft.com/content/150ab626-d47c-11e3-bf4e-00144feabdc0。

⓯ Rajiv Kumar of the Centre for Policy Research, Dehli。

⓰ Sam Roberts, 'Hans Rosling, Swedish Doctor and Pop-Star Statistician Dies at 68', *New York Times*, 9 February 2017。

⓱ 他反對是因為他說他的觀察只根據資料。

⓲ 當我問他其餘20%，他說：「那就是我們有公共醫療的原因。那是我還活著的原因。」

⓳ 至少有一個國家違反羅斯林的原則：赤道幾內亞。拜埃克森美孚公司所賜，該國的菁英靠原油大撈油水，人均GDP調整當地物價後為3萬美元，但三分之二的人口生活在赤貧中，嬰兒死亡率高達每千名嬰兒六十七人，比以GDP衡量貧窮二十倍的厄利垂亞還高。

⓴ 世界銀行定義低中等所得國家為人均國民所得毛額介於1026美元到4035美元間的國家，這是以圖表集法（Atlas method）得出的數字，該方法嘗試撫平因匯率波動造成各國數字的差異。高中等所得國家的定義則是人均國民所得毛額介於4036美元到12475美元間的國家。

㉑ 這些數字來自羅斯林。

㉒ 'Why Ethiopian Women Are Having Fewer Children Than Their Mothers', BBC, 6 November 2015: http://www.bbc.com/news/world-africa-34732609。

第九章：黑力與綠力

❶ Chris Buckley ，儲百亮，@ChuBailiang。

❷ Edward Wong, 'Air Pollution Linked to 1.2 Million Premature Deaths in China', *New York Times*, 1 April 2013: http://www.nytimes.com/2013/04/02/world/asia/air-pollution-linked-to-1-2-million-deaths-in-

⓬ Jamil Anderlini and David Pilling, 'China Tried to Undermine Economic Report Showing its Ascendancy', *Financial Times*, 1 May 2015。

⓭ Morten Jerven, *Poor Numbers*, page 57。

⓮ 2016年2月對作者發表的評論。

⓯ 根據2016年3月作者對蒙羅維亞的賴比瑞亞統計與地理資訊研究所官員做的訪問。

第八章：經濟成長術

❶ World Data Atlas knoema.com: https://knoema.com/atlas/India/topics/Demographics/Mortality/Infant-mortality-rate。

❷ Akash Kapur, *India Becoming*, Riverhead Books, 2012。

❸ 國際貨幣基金2015年調整該國物價後的數字。以美元計價的差距還更懸殊：南韓的人均財富是迦納的十八倍。

❹ Jagdish Bhagwati and Arvind Panagariya, *Why Growth Matters*, Council on Foreign Relations, 2013, page xviii。

❺ 一部分根據與巴赫瓦蒂多次的親身訪談，最近一次是在2017年3月於紐約。

❻ Cited in Jagdish Bhagwati and Arvind Panagariya, *Why Growth Matters*, page 23。

❼ 主要原因是中國成長減緩而印度成長加速。事實上印度的成長也略微減緩，2015年調整基準後的GDP數字可能下降。

❽ 參考Amartya Sen, *Development as Freedom*, Anchor Books, 2000, page 8。

❾ 出處同上，page 3。

❿ James Lamont, 'High Growth Fails to Feed India's Hungry', *Financial Times*, 22 December 2010。

⓫ 巴赫瓦蒂辯駁沈恩談論營養不良的許多數字。參考*Why Growth Matters*。

⓬ 'Indian Tycoon Hosts ￡59m Wedding For Daughter Amid Cash Crunch', *Guardian*, 16 November 2016: https://www.theguardian.com/world/2016/nov/16/indian-tycoon-gali-janardhan-reddy-extravagant-wedding-for-daughter-cash-crunch。

我不認為他們充分計算各個項目的品質改善。我們有必要調整品質的提升。」

㉖ Chrystia Freeland, 'The Rise of the New Global Super-Rich', TED Talk, 2013: https://www.ted.com/talks/chrystia_freeland_the_rise_of_the_new_global_super_rich/transcript。

第七章：大象和大黃

❶ 'Bright Lights, Big Cities, Measuring National and Subnational Economic Growth in Africa from Outer Space with an Application in Kenya and Rwanda', Policy Research Working Paper WPS7461, World Bank Group, 2015。

❷ Morten Jerven, *Poor Numbers*, pages 17- 20。

❸ 出處同上，page x。

❹ David Pilling, 'In Africa, the numbers game matters', *Financial Times*, 2 March 2016。

❺ Morten Jerven, *Poor Numbers*。

❻ 參考'If the GDP Is Up, Why Is America Down?' the *Atlantic*, October 1995。

❼ GDP per capita in PPP terms, IMF for 2015. See https://knoema.com/pjeqzh/gdp-per-capita-by-country-statistics-from-imf-1980-2021?country=Kenya。

❽ Jeffrey Gettleman, 'As Grasslands Dwindle, Kenya's Shepherds Seek Urban Pastures', *New York Times*, 14 November 2016。

❾ 該研究發現反芻類牲口對經濟貢獻3190億肯亞先令，對照於官方GDP統計數字只有1280億肯亞先令。'The Contribution of Livestock to the Kenyan Economy', Intergovernmental Authority on Development Livestock Policy Initiative Working Paper 03-11, page 6。

❿ Miles Morland, 'Notes from Africa 2: Kioskenomics', private note to his clients, June 2011。

⓫ 2016年2月接受作者電話訪問。

March 2016: https://www.ft.com/content/63b061be-ecfc-11e5-bb79-2303682345c8。

⓫ Angus Deaton, *The Great Escape*, Princeton University Press, 2013。

⓬ 出處同上。

⓭ Albert Hirschman, 'The changing tolerance for income inequality in the course of economic development', *World Development*, Volume I Issue 12, December 1973. Angus Deaton alerted me to this idea: http://www.sciencedirect.com/science/article/pii/0305750X73901095。

⓮ 出自安格斯・迪頓於2016年7月與作者的談話。

⓯ Martin Wolf, review of Branko Milanovic, *Global Inequality: A New Approach for the Age of Globalisation*, Harvard University Press, 2016, in *Financial Times*, 14 April 2016。

⓰ 財富不平等（參考第九章）幾乎總是比所得不平等高，因為優勢和劣勢會隨著時間累積。

⓱ Branko Milanovic, *Global Inequality*。

⓲ Branko Milanovic稱之為市民租。

⓳ Martin Wolf, review of Branko Milanovic, *Global Inequality*, in Financial Times, 14 April 2016。

⓴ 參考Edward Luce, *The Retreat of Western Liberalism*, Little, Brown, 2017。

㉑ 'Income Inequality and Poverty Rising in Most OECD Countries', 21 October 2008: http://www.oecd.org/els/soc/incomeinequalityandpovertyrisinginmostoecdcountries.htm。

㉒ 該報導說，丹麥和澳洲是高社會流動性國家的例子。

㉓ 該曲線是根據勞動經濟學家Miles Corak的研究，並由前經濟顧問委員會主席Alan Krueger所推廣。

㉔ Table 1. 2007年、2012年和2014年或更晚近年分的家庭可支配所得與貧窮分布的主要指標：http://www.oecd.org/social/OECD2016-Income-Inequality-Update.pdf。

㉕ 桑默斯在2017年3月的電話訪問告訴我：「我想統計數字有錯誤，因為

第六章：平均數有什麼問題

❶ 非裔美國人實際上未呈現在圖表上，但他們的死亡率事實上還更高，從1999至2013年期間每年高達2.6%。

❷ IMF以目前幣值估算，出自https://knoema.com/tbocwag/gdp-by-country-statistics-from-imf-1980-2021。

❸ 出自美國經濟分析局，以2009年幣值為基準計算的2015年底GDP為16.5兆美元，對照於2000年底的12.7兆美元：http://www.multpl.com/us-gdp-inflation-adjusted/table。

❹ 1970年美國經濟的規模為4.7兆美元，到2015年增加到16.5兆美元（美國經濟分析局，GDP以2009年幣值為基準計算）。這些數字並未納入人口增加。根據美國人口普查局，2015年美國人口為三億二千一百萬人，相較於1970年的二億五百萬人。

❺ Edward Luce, 'The Life and Death of Trumpian America', *Financial Times*, 9 October 2016。

❻ 'The Decline of the Labour Share of Income', IMF World Economic Outlook, 刊登於部落格 Breugel: http://bruegel.org/2017/04/the-decline-of-the-labour-share-of-income/。該貼文指出，從全球金融危機以來，這個比率只微幅回升。

❼ 'Mortality and Morbidity in 21st Century America', Brookings Institution, 23 March 2017。

❽ Jeff Guo, 'How Dare You Work on Whites', 6 April 2017: https://www.washingtonpost.com/news/wonk/wp/2017/04/06/how-dare-you-work-on-whites-professors-under-fire-for-research-on-white-mortality/?utm_term=.b1f56b6d8993。

❾ 'For Most Workers, Real Wages Have Barely Budged for Decades', Pew Research Center, 9 October 2014: http://www.pewresearch.org/fact-tank/2014/10/09/for-most-workers-real-wages-have-barely-budged-for-decades/。

❿ Edward Luce, 'The New Class War in America', *Financial Times*, 20

通貨膨脹下降，福利也會跟隨著下降。

❻ 相關的討論請參考Sir Charles Bean, 'Independent Review of UK Economic Statistics'。

❼ Net Benefit, *The Economist*, 9 March 2013 http:// www.economist.com/news/finance-and-economics/21573091-how-quantify-gains-internet-has-brought-consumers-net-benefits。

❽ 參考Sir Charles Bean, 'Independent Review of UK Economic Statistics', page 84。

❾ 2013年9月接受作者訪問。也請參考David Pilling, 'Lunch with the FT: Ha-Joon Chang', 29 November 2013: https://www.ft.com/content/27a2027e-5698-11e3-8cca-00144feabdc0。

❿ Murad Ahmed, 'Your Robot Doctor Will See You Now', *Financial Times*, 13 January 2016: https://www.ft.com/content/1d980d5e-b94d-11e5-bf7e-8a339b6f2164。

⓫ 'Why the Japanese Economy is Not Growing: Micro-barriers to Productivity Growth', McKinsey Global Institute, July 2000。

⓬ 這個好笑的例子出自Rory Sutherland, 'Life Lessons from an Ad Man', TED Talk, July 2009: https://www.ted.com/talks/rory_sutherland_life_lessons_from_an_ad_ man。

⓭ 出自作者於2017年2月電話訪問前經濟分析局局長史蒂夫・藍德菲爾德，我喜歡稱呼他為GDP先生。

⓮ Adam Sherwin, 'Welsh Town Moves Offshore to Avoid Tax on Local Business', *Independent*, 10 November 2015。

⓯ Brian Czech, *Supply Shock*, New Society Publishers, 2013, page 26。

⓰ 如果我們這麼做，我們也必須承認，許多我們現在怪罪其他國家如中國的汙染，實際上是在中國營運的西方公司造成的汙染。

⓱ Gordon Mathews, *Ghetto at the Center of the World: Chungking Mansions*, University of Chicago Press, 2011, page 109。

contribution of the financial sector: Miracle or mirage?', Chapter 2 in *The Future of Finance, The LSE Report*, London School of Economics and Political Science, 2010。

⓭ 同上的報導引述自《Banker》雜誌。

⓮ 和之前其他亞洲的成功故事一樣，中國藉由吸入儲蓄並透過國有銀行業分配到重點工業，來執行所謂的金融壓迫。中國多年來蓄積龐大的經常帳順差，並把錢投資在美國公債和其他西方國家的主權債券上。

⓯ John Kay, *Other People's Money*, page 1。值得注意的是，在銀行業顛倒的世界裡，資產不是你可能預期的樣子。它們是銀行借出給其他人的金錢。它們是資產，因為理論上它們有一天可以收回。另一方面，負債是其他銀行存入的金錢，它們有一天必須歸還。

⓰ Andrew Haldane, 'The $100 Billion Question', 2010: http://www.bankofengland.co.uk/publications/speeches/2010/speech433.pdf。

⓱ Andrew Haldane, Simon Brennan and Vasileios Madouros, 'What is the contribution of the financial sector: Miracle or mirage?', page 92。

⓲ Diane Coyle, *GDP: A Brief But Affectionate History*, page 99。

⓳ Andrew Haldane, Simon Brennan and Vasileios Madouros, 'What is the contribution of the financial sector: Miracle or mirage?', page 88。

⓴ Diane Coyle, *GDP: A Brief But Affectionate History*, page 102。

第五章：網際網路偷了我的GDP

❶ Sir Charles Bean, 'Independent Review of UK Economic Statistics', Cabinet Office, HM Treasury, March 2016。

❷ 這並未呈現在GDP上。廣告費被算進供應廣告空間的網站的營收，但被以支出從廣告公司的營收中減除。從會計的觀點看，它們彼此抵銷。

❸ 盧安達實際上想禁止二手衣服進口，以便它能建立自己的衣服工業。

❹ 該委員會採用的方法稱作快樂會計（hedonic accounting），尋求把品質的問題納入會計中。

❺ 擔任美國勞工統計局研究處主任的穆爾頓在博斯金委員會工作，他告訴我這種做法具有高度政治性，因為許多州的福利與通貨膨脹連結，如果

⓳ Benjamin Bridgman et al., 'Accounting for Household Production in the National Accounts, 1965-2010', *Survey of Current Business*, Volume 92, May 2012。
⓴ 'Household Satellite Account (Experimental) Methodology', UK Office for National Statistics, April 2002。
㉑ 'Unpaid Household Production', UK Office for National Statistics, January 2004。
㉒ 這份清單包括澳洲、加拿大、芬蘭、德國、匈牙利、墨西哥和尼泊爾。
㉓ https://www.bea.gov/scb/pdf/2012/05%20May/ 0512_household.pdf。

第四章：過猶不及

❶ 改寫自John Kay, *Other People's Money*, Public Affairs, 2015, page 3。這是一本討論金融化的精采書籍。
❷ Kimiko de Freytas-Tamura 'Secret to Iceland's Tourism Boom? A Financial Crash and a Volcanic Eruption', *New York Times*, 16 November 2016 https://www.nytimes.com/2016/11/17/world/europe/reykjavik-iceland-tourism.html。
❸ 出處同上。
❹ Richard Milne, 'Olafur Hauksson, The Man Who Jailed Iceland's Bankers', *Financial Times*, 9 December 2016。
❺ Michael Lewis, *Boomerang*, W. W. Norton & Company, 2011。
❻ 出處同上。
❼ 出處同上，page 17。
❽ David Ibison and Gillian Tett, 'Iceland Feels the Heat After Years of Growth', *Financial Times*, 24 November 2007。
❾ Kate Burgess, Tom Braithwaite and Sarah O'Connor, 'A Cruel Wind', *Financial Times*, 11 October 2008。
❿ 出處同上。
⓫ 作者Matt Taibbi對Goldman Sachs的精采描述。
⓬ Andrew Haldane, Simon Brennan and Vasileios Madouros, 'What is the

❹ World Health Organisation 2015。

❺ Bryan Harris, 'South Korea Set to Take Japan's Life Expectancy Crown', *Financial Times*, 22 February 2017: https://www.ft.com/content/f634c918-f89e-11e6-9516-2d969e0d3b65。

❻ Chris Conover, '5 Myths in Steven Brill's Opus on Health Costs', *Forbes*, 4 March 2014: https://www.forbes.com/sites/chrisconover/2013/03/04/5-myths-in-steven-brills-opus-on-health-costs-part-1/#4f6de6164db7。

❼ 出自 Steven Brill, 'The Bitter Pill' 引述 Center for Responsive Politics 的消息。

❽ 這些數字來自同上的出處。

❾ 事實上日本的經濟表現不像一般人想的那麼差。名目 GDP 停滯不前，但調整物價和人口萎縮後的日本實質人均成長率仍在合理的水準。

❿ Leo Lewis, 'Japan, Women in the Workforce', *Financial Times*, 6 July 2015: https://www.ft.com/content/60729d68-20bb-11e5-aa5a-398b2169cf79。

⓫ Sarah O'Connor, 'America's Jobs for the Boys Is Just Half the Employment Story', *Financial Times*, 7 February 2017.

⓬ 這個例子是由安格斯・迪頓在與作者的談話中提供的。

⓭ Katrine Marcal, *Who Cooked Adam Smith's Dinner?: A Story About Women and Economics*。

⓮ 出處同上。

⓯ Jonathan Franzen, *The Corrections*, Harper Collins, 2013, page 288。

⓰ David Pilling, 'No Formula Can Better a Mother's Milk', *Financial Times*, 6 March 2013。

⓱ Julie P. Smith, 'Lost Milk? Counting the Economic Value of Breastmilk in GDP': https://www.researchgate.net/publication/249322424_Lost_Milk_Counting_the_Economic_Value_of_Breast_Milk_in_Gross_Domestic_Product。

⓲ http://onlinelibrary.wiley.com/doi/10.1111/j.1475-4991.2000.tb00844.x/abstract。

Budget', Letter to *Financial Times*, 3 March 2015: https://www.ft.com/content/c2f78452-beb5-11e4-8d9e-00144feab7de。

❽ https://www.wsj.com/articles/SB10001424052702303960604575158203628601096。

❾ http://www.csmonitor.com/1987/0508/oital.html。

❿ 'Australia Carbon Laws Fail to Pass Senate', *Financial Times*, 2 December 2009: https://www.ft.com/content/fbd89a5e-aac8-11e0-b4d8-00144feabdc0。

⓫ Simon Briscoe, 'Britons Highly Sceptical Over Data', *Financial Times*, 29 December 2009。

⓬ Kate Allen and Chris Giles, 'Statisticians Face Hard Facts', *Financial Times*, 5 September 2012。

⓭ 來自Darren Morgan的估計，2016年6月於倫敦接受作者訪問。

⓮ 國內生產淨值減去製造產品的機器折舊。計算折舊並不容易，因此GDP是較被偏愛的衡量法。

⓯ 生產法有時候被稱為產出法。

⓰ 這個例子被張夏準用於*Eonomics: The User's Guide*, Bloomsbury Press, New York, page 212。

⓱ 它往往被寫成C＋I＋G＋(X－M)，其中C代表家庭支出，I是企業投資，G是政府支出，X是產品和服務的出口，M則是產品和服務的進口。

⓲ Umair Haque 2016年6月於倫敦接受作者訪問。

⓳ 在今日更常見的通貨緊縮時，如果物價下跌，他們也會採用相同方法。

第三章：好的、壞的和看不見的

❶ 珍妮斯的真名未出現在Steven Brill精采的報導中：'The Bitter Pill: Why Medical Bills are Killing US', *Time Magazine*, 20 February 2013: https://www.uta.edu/faculty/story/2311/Misc/2013,2,26,MedicalCostsDemandAndGreed.pdf。

❷ 這些細節取材自同上的出處。

❸ 來自世界衛生組織（WHO）2014年的數字。

⓬ 國民生產毛額與國內生產毛額略有不同，前者包含一國的個人或公司生產的所有產品和服務，不管是在國內或國外。後者是所有在國內生產的產品和服務，不管是本國的個人和公司，或外國的個人和公司。

⓭ Benjamin Mitra-Kahn, 'Redefining the Economy', page 14。

⓮ 出處同上，page 27。

⓯ James Lacey, *Keep From All Thoughtful Men: How US Economists Won World War II*, Naval Institute Press, 2011。

⓰ Benjamin Mitra-Kahn, 'Redefining the Economy', page 210。

⓱ 出處同上，page 237。

⓲ Ehsan Masood, *The Great Invention* , page 31。

⓳ Quoted in Benjamin Mitra-Kahn, 'Redefining the Economy', page 239-40。

第二章：罪惡的工資

❶ 這是歐盟統計局在更新版European System of National and Regional Accounts 95（ESA95）中做的決定。

❷ 那是因為每個成員國在歐盟支付的金額是取決於其以國民所得毛額（GNI）——GDP的表親——衡量的經濟規模。當然，這發生於英國舉行公投決定脫離歐盟之前。

❸ 英國國家統計局的Gareth Powell 2016年3月接受作者電話訪問，被問及其方法學時說：「我想你會覺得這非常無趣，他們大部分的工作是在辦公室裡使用已經公布的資料。」

❹ 有關他們計算的詳細情況，請參考Joshua Abramsky and Steve Drew, 'Changes to National Accounts: Inclusion of Illegal Drugs and Prostitution in the UK National Accounts', UK Office for National Statistics, 29 May 2014。

❺ 他們的數字排除男性娼妓，而男性娼妓占英國性工作者的42%：https://www.theguardian.com/society/shortcuts/2014/oct/05/time-to-tax-prostitution-and-illegal-drugs-add-1227bn-to-the-economy。

❻ 參考本章後面更詳細討論附加價值的段落。

❼ David Lang, 'Percentage of GDP is a Strange Benchmark for a Defence

⓬ 自殺率確實很高。

第一章：顧志耐的怪物

❶ 這些是經濟歷史學家Angus Maddison的發現。因為西歐工業革命造成的大蕭條，中國和印度占全球經濟的比率才急遽下滑，到1950年降到約9％的最低點。今日這個比率已回升到約30％。參考‘The Economic History of the Last 2000 Years in 1 Little Graph’: https://www.theatlantic.com/ business/ archive/ 2012/06/the-economic-history-of-the-last-2-000-years-in-1-little-graph/258676/。

❷ Benjamin Mitra-Kahn, ‘Redefining the Economy: how the “economy” was invented 1620’, unpublished doctoral thesis, City University London, page 18。

❸ 出處同上。這些論點都包含在Benjamin Mitra-Kahn’s睿智的論文中。

❹ 過去有許多人嘗試調查一國的資產，包括1086年的《末日審判書》（*Domesday Book*）。不過，和嘗試把金流納入計算的配第不同，之前的努力幾乎全都專注在以土地為主的資產上。

❺ 出處同❷，page 4。

❻ 出處同❷，page 24。

❼ 顧志耐曲線假設的理論是，當一個經濟體進步時，不平等會先升高，然後才下滑。這一個理論在不平等的時代遭到嚴厲批評，一些經濟學家說顧志耐的理論沒有統計上的證據。

❽ 有關顧志耐的個性和方法深入的描述，請參考Robert William Fogel, *Political Arithmetic: Simon Kuznets and the Empirical Tradition in Economics*, University of Chicago Press. 2013。

❾ Ehsan Masood, *The Great Invention* , page 15。

❿ 顧志耐最早構思的是國民生產毛額，而非國內生產毛額。後者計算一國境內的生產。顧志耐的衡量法計算美國的公司和個人的生產，不管是在國內或國外。

⓫ Dirk Philipsen, *The Little Big Number: How GDP Came to Rule the World and What to Do About It*, Princeton University Press, page 99。

注釋

前言：成長狂熱教派

❶ 參考 Pankaj Mishra, *Age of Anger*, Farrar, Straus and Giroux, 2017; Ed Luce, *The Retreat of Western Liberalism*, Little, Brown, 2017。

❷ 借用Diane Coyle, GDP: *A Brief But Affectionate History*, Princeton University Press, page 124。

❸ Bill Emmott。不管他是不是發明這句話，他經常這麼說。

❹ Chinese Factory Worker Can't Believe the Shit He Makes for Americans, *Onion*, 15 June 2005: http://www.theonion.com/article/chinese-factory-worker-cant-believe-the-shit-he-ma-1343。

❺ 'The 30 Most Insane Things for Sale in Skymall', Buzzfeed, 10 July 2013: https://www.buzzfeed.com/mjs538/the-most-insane-things-for-sale-in-skymall?utm_term=.evVZNBv9w#.lfp3BwM7y。

❻ Joseph Stiglitz, *The Price of Inequality*, W. W. Norton & Company, page xii。

❼ Sarah F. Brosnan and Frans B. M. de Waal, 'Monkeys Reject Unequal Pay', *Nature*, Volume 425, September 2003。

❽ David Card, Alexandre Mas, Enrico Moretti, and Emmanuel Saez, 'Inequality at Work: The Effect of Peer Salaries on Job Satisfaction', November 2011: https://www.princeton.edu/~amas/papers/card-mas-moretti-saezAER11ucpay。

❾ 'The Cost of Living in Jane Austen's England': https://www.janeausten.co.uk/the-cost-of-living-in-jane-austens-england/。

❿ Joseph Stiglitz, Amartya Sen and Jean-Paul Fitoussi, *Mismeasuring Our Lives: Why GDP Doesn't Add Up*, The New Press, 2010, page ix。

⓫ 名目上看，日本的經濟從1990至2017年幾乎文風不動。以實質人均經濟看，日本經濟的表現與大多數西方經濟體相符，主要原因是物價下跌和人口減少。

創新觀點28

你的幸福不是這個指數：透視經濟成長數據的迷思

2019年7月初版　　定價：新臺幣420元

有著作權・翻印必究

Printed in Taiwan.

著者	David Pilling
譯者	吳國卿
叢書編輯	王盈婷
校對	馬文穎
內文排版	林婕瀅
封面設計	兒日
編輯主任	陳逸華

出版者	聯經出版事業股份有限公司
地址	新北市汐止區大同路一段369號1樓
編輯部地址	新北市汐止區大同路一段369號1樓
叢書主編電話	(02)86925588轉5316
台北聯經書房	台北市新生南路三段94號
電話	(02)23620308
台中分公司	台中市北區崇德路一段198號
暨門市電話	(04)22312023
台中電子信箱	e-mail：linking2@ms42.hinet.net
郵政劃撥帳戶第	0100559-3號
郵撥電話	(02)23620308
印刷者	文聯彩色製版印刷有限公司
總經銷	聯合發行股份有限公司
發行所	新北市新店區寶橋路235巷6弄6號2樓
電話	(02)29178022

總編輯	胡金倫
總經理	陳芝宇
社長	羅國俊
發行人	林載爵

行政院新聞局出版事業登記證局版臺業字第0130號

本書如有缺頁，破損，倒裝請寄回台北聯經書房更換。　ISBN 978-957-08-5188-5 (平裝)

聯經網址：www.linkingbooks.com.tw

電子信箱：linking@udngroup.com

國家圖書館出版品預行編目資料

你的幸福不是這個指數：透視經濟成長數據的迷思/
David Pilling著．吳國卿譯．初版．新北市．聯經．2019年7月（民108年）．312面．14.8×21公分（創新觀點28）
譯自：The growth delusion: why economists are getting it wrong and what we can do about it
ISBN 978-957-08-5188-5（平裝）

1.經濟發展 2.國內生產毛額 3.趨勢研究

552.15 108009319